현재와 미래 생활의 불가피한 사항에 있어서

사회 문제의 핵심

루돌프 슈타이너 전집 제23권 완역본

괴테아눔 발행

루돌프 슈타이너 | 최혜경 옮김

옮긴이 | 최혜경

서울대학교 미술대학 조소과 졸업. 독일 브라운슈바이크 국립 미술대학 졸업. 독일 함부르크 발도르프 사범대학 졸업. 번역서로는 『발도르프 학교와 그 정신』(2006, 밝은누리), 『자유의 철학』(2007, 밝은누리), 『교육예술 1. 인간에 대한 보편적인 앎』(2007, 밝은누리), 『발도르프 특수 교육학 강의』(2008, 밝은누리), 『교육예술 2. 발도르프 교육 방법론적 고찰』(2009, 밝은누리), 『사고의 실용적인 형성』(2010, 밝은누리)가 있다.

Übersetzerin | Choi, Hey-Kyong

Kunststudium an dem Fine Art College der Seoul National University. Kunststudium an der Hochschule für Bildende Künste in Braunschweig. Studium am Seminar für Waldorfpadagogik Hamburg.

Überstzungen: 『Die Waldorfschule und ihr Geist』(2006, Balgunnuri), 『Die Philosophie der Freiheit』(2007, Balgunnuri), 『Allgemeine Menschenkunde』(2007, Balgunnuri), 『Heilpädagogischer Kurs』(2008, Balgunnuri), 『Erziehungskunst II. Methodisch-Didaktisches』(2009, Balgunnuri), 『Die praktische Ausbildung des Denkens』(2010, Balgunnuri)

사회 문제의 핵심

1판 1쇄 인쇄일 | 2010년 12월 1일
1판 1쇄 발행일 | 2010년 12월 8일
지은이 | 루돌프 슈타이너
옮긴이 | 최혜경
펴낸이 | 이미자
펴낸곳 | 도서출판 밝은누리
주소 | 서울시 금천구 가산동 550-1 롯데IT캐슬 2동 1206호
전화 | 02) 884-8459   팩스 | 02) 884-8462

값 20,000원
잘못된 책은 구입한 곳에서 바꾸어 드립니다.
ISBN 978-89-8100-121-6 03370

[밝은누리 발도르프 교육학 모음]

현재와 미래 생활의 불가피한 사항에 있어서
사회 문제의 핵심

루돌프 슈타이너 전집 제23권 완역본
괴테아눔 발행
루돌프 슈타이너 | 최혜경 옮김

밝은누리

차례

이 판본에 즈음하여: 발터 쿠글러 ——— 7
사만천 권부터 팔만 권까지의 발행에 즈음한 서문과 도입 ——— 10
이 책의 의도에 대한 서문 ——— 26

Ⅰ. 사회 문제의 진정한 형상, ············ 33
   현대의 인류 생활로부터 파악하다

Ⅱ. 사회 문제와 공동체적 필수성을 위해 ············ 65
   생활이 요구하는 현실적인 해결 방안

Ⅲ. 자본주의와 사회적 관념들 ············ 101
   (자본, 인간 노동)

Ⅳ. 사회적 유기체들의 국제 관계 ············ 155

Ⅴ. 부록 ············ 173
   독일 민족과 문화 세계에 고함

| 발행자 참조 | 181 |
| 참고 문헌 | 184 |

권말 부록
사회 문제의 핵심과 발도르프 교육학	191
자유로운 학교와 삼지성	192
발도르프 학교의 교육학적 근거	201
슈투트가르트 발도르프 학교의 교육학적 목표 설정	213

루돌프 슈타이너의 생애와 작품	224
루돌프 슈타이너 전집 목록	231
역자 후기	234

* 이 책은 루돌프 슈타이너 전집 제23권을 제목이나 내용의 축약이 없이 그대로 옮긴 문고본 (한스 W. 츠빈덴 발행, 제6판, 도르나흐, 1976)을 원본으로 삼아 번역되었다.

Alle Rechte bei der Rudolf Steiner-Nachlaßverwaltung, Dornach/Schweiz
© 1961 by Rudolf Steiner-Nachlaßverwaltung, Dornach/Schweiz
Printed in Germany by Clausen & Bosse, Leck

일러 두기

1. 『현재와 미래 생활의 불가피한 사항에 있어서 사회 문제의 핵심』은 루돌프 슈타이너 유고국에서 발행하였다.

2. 이 책은 루돌프 슈타이너 유고 관리국에서 출간된 루돌프 슈타이너 전집 제23권 "Die Kernpunkte der sozialen Frage in den Lebensnotwendigkeiten der Gegenwart und Zukunft"를 우리말로 옮긴 것이다.

3. 이 책의 권말 부록인 '사회 문제의 핵심과 발도르프 교육학' 의 세 글은 『사회적 유기체의 삼지성에 대한 논설들과 1915년부터 1921년까지의 시대 상황에 관해 Aufsätze über die Dreigliederung des sozialen Organismus und zur Zeitlage 1915~1921』(서지 번호 24) 에서 발췌한 것임을 밝힌다.

5. 본문에 나오는 주를 원저자 주는 *로, 역자주는 ¹⁾로 구분하여 표기하였다.

6. 단행본은 『 』, 잡지명은 〈 〉로 표시하였다.

7. 이 책에서는 원서의 이탤릭 체로 강조한 부분은 굵은 서체로, ≪ ≫는 동일하게 ≪ ≫로 표시하였다.

이 판본에 즈음하여: 발터 쿠글러

01 『현재와 미래 생활의 불가피한 사항에 있어서 사회 문제의 핵심』은 1919년 4월에 출간되었다. 루돌프 슈타이너의 작업들 중 그 어떤 것도 이 책만큼 그가 살았던 당시에 일반사회로부터 그렇게 많은 관심을 불러일으키지 않았다. 독일 외무부 장관 지몬스, 기술부 장관 베네쉬뿐만 아니라 ≪조금이라도 중요한 인물이라면 이 책을 읽었다.≫라고 런던의 데일리 뉴스가 전했다. 신 취리히 신문은 다음과 같이 논평하였다. "사람들이 자신의 공동체적 사고가 어떤 비판이라도 견뎌낼 수 있는지를 평소와는 다른 구석으로부터 검증할 수 있는 기회를 새로운 양식의 관점에서 제공하는 이 책은 많은 관심을 받아 마땅하다."

02 제1차 세계 대전이라는 참상의 책임을 졌어야만 했던, 정확하게 보자면 오늘날에 이르기까지 정치적 형세를 각인하는 중앙

집권적인 국가 권력의 해체, 그리고 경제, 정치, 문화의 부정한 동맹으로부터의 급진적인 해방이 루돌프 슈타이너의 쟁점이라는 의미에서, 그의 주장은 당시뿐만 아니라 역시 오늘날에도 아직 ≪새로운 양식≫이다. 사회적 유기체의 삼지성은 1919년 4월 정치적 연맹의 창설로까지 이끈 슬로건이었다. 루돌프 슈타이너를 주창자로 한 그 정치적 연맹은 새로운 국가 질서와 사회 질서의 도입을 위해, 무엇보다도 슈투트가르트를 중심으로 한 지역에서 노사경영 협의회 창립을 위해 활동했다. 사회적 유기체의 삼지성이라는 약호의 배후에는 근본적으로 단일국가의 해체가 숨겨져 있다. 슈타이너에 의하면 미래에는 그 자리에 국가로부터 독립적인 경제 생활과 정신 생활이 들어서야 한다. 세 번째 영역은 권리·법률 생활이며, 그것은 오직 공공 권리·법률 분야에만 집중한다. 이 세 가지 역할 분야는 각기 자체적 구조, 자체적 행정을 지닌다. 그것들은 "하나의 추상적, 이론적 국회나 어떤 다른 단일성으로 결합되어서도, 중앙집권화되어서도 안 되며," 오히려 "인간으로서의 각자가 그 세 지체를 연결하는 존재가 될 것이다."

[03] 『사회 문제의 핵심』의 Ⅲ장에서는 경제 문제를 주로 다룬다. 여기에서는 노동과 수입의 관계, 자본과 재산 형성, 자본주의와 사회주의적 사상 간의 모순을 다룬다. 여기에서도 역시 슈타이너의 생각들은 아직도 현실적이다. 우리가 예나 지금이나 시대착오적인 소유 개념을 지니기 때문에, 노동과 수입의 연관성에 대해 너무나 낡아빠진 방식으로 이해하기 때문에, 우리가 아직도 근본

적인 개혁이 필요한 토지 소유권과 관계하고 있기 때문이다.

04 그럼에도 불구하고 사회적 관념을 순수한 자기 목적으로만 파악한다면, 슈타이너가 의도했고 실천했던 것을 오인하는 것이다. 그는 자신의 관심사를 『사회 문제의 핵심』의 서문에서 이렇게 표현했다. "정신성에 대해 알고 있는지, 혹은 알고 있다고 믿는지는 중요하지 않다. 중요한 것은 그 정신성이 실용적인 현실의 파악에서도 역시 드러나야 한다는 점이다."

사만천 권부터 팔만 권까지의 발행에 즈음한
서문과 도입

⁰¹ 오늘날의 사회 생활이 드러내는 과제에 어떤 이상향에 대한 생각을 가지고 접근하는 사람은 어쩔 수 없이 그 과제를 오인할 수밖에 없다. 자신의 관념 속에 짜 맞춘 이러저러한 제도가 사람들을 행복하게 할 것이라고 특정한 관조나 느낌에서 믿을 수 있고, 그런 믿음이 강력한 설득력을 띨 수 있다. 그렇다 하더라도 그것을 정당화시키고자 한다면 현재의 ≪사회 문제≫가 의미하는 바에서는 역시 그 핵심을 완전히 벗어날 수 있다.

⁰² 오늘날 이 주장을 다음과 같은 방식으로 외관상 어처구니없는 것으로까지 몰아갈 수도 있으며, 그럼에도 불구하고 결국에는 올바른 답을 맞출 것이다. 어떤 사람이 사회 문제를 위해 이론적으로 완벽한 ≪해결 방안≫을 세웠다고 가정할 수 있다. 그렇다 하더라도 자신이 고안해 낸 ≪해결 방안≫을 인류에 제시하고자 한

다면, 그는 완전히 비실용적인 것을 믿고 있을 수도 있다. 우리는 공공 생활에서 그런 방식으로 영향을 미칠 수 있다고 당연히 믿어야 하는 시대에 더 이상 살고 있지 않기 때문이다. 인간의 영혼이 공공 생활을 위해서 단순하게 다음과 같이 말할 수 있는 상태에 있지 않다. "사회를 위해 어떤 제도가 필요한지 알고 있는 사람이 저기에 있으니, 그가 생각하는 대로 따르고자 한다."

[03] 사람들은 자신들에게 사회 생활에 관한 의견이 그런 방식으로 다가오도록 절대 허락하지 않는다. 오늘날 이미 상당히 널리 알려진 이 책은 바로 그 사실을 염두에 두고 있다. 이 책에 이상향적인 성격을 부가했던 사람들은 이 책의 근거가 되는 의도를 완전히 오인했다. 오로지 이상향만 생각하려는 사람들이 이 책에 이상향적 성격을 가장 심하게 부가했다. 그들은 자신의 사고습관 중에서 가장 두드러진 성향을 다른 사람들에게서 인지한다.

[04] 실용적으로 사고하는 사람에게, 아무리 설득력이 있어 보여도 이상향적인 의견으로는 오늘날 아무것도 할 수 없다는 사실은 이미 공공 생활의 경험에 속한다. 그럼에도 불구하고 대다수가 예를 들어 경제 분야에서 그런 것으로 사람들에게 접근해야 한다는 느낌을 지니고 있다. 그들은 단지 불필요한 말만 하고 있다는 점을 알아차려야만 한다. 그들과 동시대를 사는 사람들이 그들의 주장으로 시작할 수 있는 것은 아무것도 없다.

[05] 그 점을 경험으로서 다루어야 한다. 그것이 오늘날 공공 생활의 중요한 사실을 가리키기 때문이다. 예를 들어서 현재의 경제

실재가 요구하는 것에 대한 사람들의 생각이 실생활로부터 거리가 멀다는 정황이 놓여 있다. 실생활과 거리가 먼 생각으로 공공 생활의 어지러운 상태에 접근하면서 과연 그것을 극복하리라고 기대할 수 있을까?

06 이 질문이 그렇게 환영을 받을 수는 없다. 이 질문은 실생활에서 거리가 먼 생각을 한다고 고백하도록 부추기기 때문이다. 그럼에도 불구하고 그렇게 고백하지 않고는 ≪사회 문제≫가 소원한 것으로 남게 될 것이다. 이 질문을 오늘날 전체 문명 세계의 심각한 주제로 다룰 때에만 사회 생활에 필수적인 것을 명확하게 투시할 수 있을 터이기 때문이다.

07 이 질문이 현대 정신 생활의 형상에 주목하도록 만든다. 새로운 인류는 국가 제도와 경제적 권력에 고도로 의존적인 정신 생활을 발달시켰다. 인간은 어린 시절에 이미 국가의 수업과 교육으로 수용된다. 그가 성장하는 주변의 경제 형태가 허락하는 방식으로만 교육될 수 있을 뿐이다.

08 그런 식으로 인간이 오늘날의 생활 상태에 제대로 적응해야만 한다고 쉽게 믿을 수 있다. 교육 분야와 수업 분야에 대한 기관이, 그리고 그와 더불어 공공 정신 생활의 근본적인 부분이 인간 공동체에 최상으로 헌신할 수 있게끔 형성할 수 있는 가능성을 국가가 지니고 있다고 여긴다. 그리고 한 인간이 성장하는 곳에 존재하는 경제적 가능성의 의미에서 교육되고, 그 교육을 통해서 그 경제적 가능성이 그에게 제시하는 장소에 위치된다면, 그렇게 함으로써

그 사람이 그 인간 공동체에서 가능한 한 최상의 구성원이 되리라고 역시 쉽게 믿을 수 있다.

⁰⁹ 국가와 경제에 대한 정신 생활의 의존성에 우리 공공 생활의 혼란이 기인한다는 사실을 보여 주기 위해서 이 저술이 오늘날 별로 호평받지 못하는 과제를 떠맡지 않을 수 없다. 더불어 그 의존성으로부터 정신 생활을 해방시키는 것이 격렬한 사회 문제의 한 부분을 형성한다는 점을 보여 주어야만 한다.

¹⁰ 이로써 이 책은 널리 퍼진 오류에 이의를 제기하는 바이다. 국가가 교육 분야를 넘겨 받는 것이 인류 발달을 위해서 유익하다고 사람들은 이미 오랫동안 믿고 있다. 그리고 사회주의적으로 생각하는 사람들은 사회가 각 개인을 사회주의적 기준에 따라서 사회에 봉사하도록 교육하는 일 외에는 아무것도 상상할 수 없다.

¹¹ 교육 분야에서 오늘날 무조건 필요한 그 통찰을 사람들은 그렇게 쉽게 따르려 하지 않는다. 인류의 역사적 발달에서 이전의 시대에 옳았던 것이 그 다음 시대에는 오류가 될 수 있다는 사실을 말이다. 근대의 인류 상황이 등장하기 위해서는, 교육 제도와 더불어 공공 정신 생활이 중세에 그것들을 관리했던 세력 범위로부터 분리되어 국가에 위탁되는 것이 불가피했다. 그러나 그 상태의 지속적인 유지가 바로 심각한 사회적 오류다.

¹² 그 점을 이 책의 첫 부분에서 보여 주고자 한다. 국가 구조 내부에서 정신 생활이 자유를 향하여 성장하였다. 이제 그 정신 생활에 완전한 자치가 주어지지 않는다면, 바로 그 자유 안에서 그

것이 올바르게 유지될 수 없다. 정신 생활이 수용했던 그 본성으로 인해서 사회적 유기체의 완전히 독립적인 지체를 형성하고자 정신 생활이 요구한다. 결국은 모든 정신 생활이 자라 나오는 교육 제도와 수업 제도는 교육하고 수업하는 사람들의 관리 영역에 속해야만 한다. 국가와 경제 분야에 해당하는 어떤 것도 수업하는 사람들의 관리 영역에 끼어들거나 개입해서는 안 된다. 수업을 하는 사람은 누구나 그 영역에서 역시 행정 업무도 처리할 수 있는 한도 내에서 수업을 위한 시간을 들여야 한다. 그렇게 함으로써 그 사람이 수업과 교육을 스스로 실행하듯이 그렇게 행정 역시 스스로 처리할 것이다. 현재 행해지는 수업과 교육에 직접 참여하고 있지 않는 사람이라면 누구든 간에 지시를 내릴 수 없다. 국회는 물론 심지어는 언젠가 수업을 한 적이 있는 인사라 하더라도 현재 자신이 직접 수업을 진행하고 있지 않다면 참견할 수 없다. 수업 중에 직접적으로 경험하는 것이 당연히 행정으로 흘러 들어간다. 그런 기관 내부에서는 공평성과 전문성이 가능한 한 최대로 작용하기 마련이다.

[13] 정신 생활에서 그런 자치가 이루어진다 하더라도, 모든 것이 완벽하게 될 수는 없을 것이라는 이의를 당연히 제기할 수 있다. 그런데 실생활에서는 그런 요구를 할 필요가 전혀 없을 것이다. 가능한 한 최상의 것을 이루기, 오로지 그것만 추구할 수 있을 뿐이다. 어린이 내부에서 자라나는 그 능력들은, 정신적인 규정 근거로부터 권위 있는 판단을 내릴 수 있는 사람이 그들의 교육을

담당할 때에만 진정으로 공동체에 인도될 것이다. 한 방향이나 혹은 다른 방향으로 어린이를 얼마나 더 이끌어 가야 할지에 대한 판단은 오로지 자유로운 정신 공동체 내에서만 생성될 수 있다. 그리고 그런 판단이 정당성을 얻도록 하기 위해서 행해야 하는 것은 오로지 그런 공동체에 의해서만 결정될 수 있다. 국가 생활과 경제 생활이 그들의 관점에서 정신 생활을 형성하는 경우에는 얻을 수 없는 힘을 그 공동체로부터 받을 수 있다.

[14] 이 책의 방향에, 국가나 경제 생활에 예속되는 공공 기관의 제도와 수업 내용 역시 자유로운 정신 생활의 관리자들이 담당해야 한다는 사실 역시 담겨 있다. 법학, 경제학, 농학, 공학을 가르치는 기관은 자유로운 정신 생활에서 그 형태를 얻을 것이다. 이 책에서 그 — 올바른 — 결론을 내리면 필연적으로 이 책에 대한 수많은 편견들이 일깨워질 수밖에 없다. 도대체 어디에서 그런 편견들이 흘러나오는가? 근본적으로 보아서 교사란 비실용적이고 삶에 눈이 어두운 사람임에 틀림없다는 무의식적인 믿음에서 그런 편견들이 나온다는 사실을 통찰하면, 그 편견들의 반사회적 정신을 알 수 있게 된다. 삶의 실용적인 분야에 적절하게 쓰일 기관을 교사들이 스스로 조직하리라고는 기대할 수 없다고 한다. 그런 기관은 실생활을 영위하는 사람들이 만들어야 하며, 교사는 주어진 방침에 맞추어서 일해야 한다고들 여긴다.

[15] 그렇게 생각하는 사람은, 교사들이 소소한 일들부터 커다란 업무에 이르기까지 방침을 스스로 정할 수 없는 상황에 있기 때문에

비실용적이고 세상사에 눈이 어두워지고 말았다는 사실을 인정하지 않는다. 겉보기에 너무도 실용적인 사람들이 만들어 낸 원칙들을 교사들에게 제시할 수 있다. 그러면 그들은 진정으로 실용적인 인간들을 전혀 교육해 낼 수 없을 것이다. 반사회적인 상태는 교육을 통해서 공동체적으로 느끼는 사람들이 사회 생활로 배출되지 않기 때문에 야기되는 것이다. 공동체적으로 느끼는 사람들이 이끌고 관리하는 그런 교육 방식에서만 공동체적으로 느끼는 사람들이 배출될 수 있다. 교육 문제와 정신 문제를 사회 문제의 본질적인 부분으로 다루지 않고는 절대로 사회 문제에 접근할 수 없을 것이다. 단지 경제 기관들로 인해서뿐만 아니라 그 기관들에서 일하는 사람들이 비공동체적인 태도를 취하기 때문에 역시 비공동체적인 것이 생긴다. 그리고 행위의 방향과 내용을 외부에서 지시받기 때문에 세상사에 어수룩해진 사람들에게 청소년들을 교육하고 가르치도록 맡긴다면, 그것이 바로 비공동체적이다.

[16] 국가가 법학을 가르치는 교육 기관을 설립한다. 국가가 그 기관에 국가의 관점에 따라 헌법과 행정에 기록되어 있는 대로 법학의 내용을 가르치도록 요구한다. 완전히 자유로운 정신 생활에서 생겨난 기관은 법학의 내용을 정신 생활 자체에서 얻어 낼 것이다. 국가는 자유로운 정신 생활로부터 국가에 인도되는 것을 기다려야만 할 것이다. 국가는 오로지 그런 정신 생활에서만 생겨날 수 있는 살아 있는 관념으로 고무될 것이다.

[17] 이 정신 생활 자체의 내부에는, 그들의 관점으로부터 생활 실

천에 적응하는 사람들이 존재하게 된다. 단순한 ≪실용가≫가 형성하고, 세상사에 눈이 어두운 사람들이 가르치는 그런 교육 기관에서 나오는 것은 절대로 생활 실천이 될 수 없다. 자신의 관점으로부터 삶과 실천을 이해하는 그런 교육가들로부터 나오는 것만 유일하게 생활 실천이 될 수 있다. 자유로운 정신 생활의 행정을 구체적으로 어떻게 형성해야 하는지는 이 책에서 적어도 암시적으로 상술될 것이다.

[18] 이상향적인 성향을 지닌 사람들은 이 책에 온갖 질문을 들이댈 것이다. 근심스러운 예술가와 다른 정신 노동자들은 이렇게 말할 것이다. "글쎄, 재능이 오늘날의 국가와 경제적인 권력에 의해서 배려되는 것에 비해 자유로운 정신 생활 속에서 더 낫게 육성될까?" 그렇게 묻는 사람은 이 책이 어떤 관계에서도 이상향적인 의도를 지니지 않는다는 사실을 고려해야 한다. 그렇기 때문에 이 책에서는 "그 일은 이러저러하게 되어야 한다."고 이론적으로 전혀 결론짓지 않는다. 그보다는, 함께 살면서 공동체적으로 바람직한 것을 수반할 수 있는 인간 공동체에 대한 관심을 일깨운다. 삶을 이론직인 편견이 아니라 경험에 따라 판단하는 사람은 이렇게 말할 것이다. "완전히 자체적인 관점으로 삶에 개입해 들어갈 수 있는 자유로운 정신 공동체가 있다면, 자신이 가진 자유로운 재능으로 생산하는 자가 자신이 성취한 일에 대한 올바른 판단을 기대할 수 있을 것이다."

[19] ≪사회 문제≫는 요 근래 들어서야 인간 생활에 드러난 것이

아니다. 그것은 몇몇 사람들이나 국회를 통해서 해결될 수도 없고, 해결되지도 않을 그런 문제다. 사회 문제는 전체적인 문명 생활의 구성 요소이며, 일단 생겨났기 때문에 역시 그렇게 남아 있을 것이다. 그것은 세계 역사적 발달의 매 순간을 위해서 새롭게 해결되어야만 할 것이다. 왜냐하면 최근 들어 인간 생활은 공익 기관에 의해서 항상 다시금 반사회적인 것이 생성되도록 하는 그런 상태로 들어섰기 때문이다. 그 반사회적인 것이 끊임없이 새롭게 극복되어야만 한다. 유기체가 배부르게 먹은 후에 어느 정도 시간이 지나면 항상 다시금 배가 고픈 상태에 이르듯이, 그렇게 사회적 유기체도 질서의 상태에서 무질서의 상태로 들어선다. 영원히 배부르게 하는 양식이 없듯이 사회 상태의 질서를 위한 보편적인 조제약은 없다. 그러나 사람들이 협력해서 현존재에 항상 다시금 공동체적인 것을 향한 방향을 제시하는 그런 사회로 들어설 수는 있다. 그런 사회가 바로 사회적 유기체의 자치적인 정신 지체다.

[20] 오늘날의 경험에서 보아 정신 생활을 위해서 자유로운 자치가 사회적 요구로서 나오듯이, 경제 생활을 위해서는 협의적인 노동이 사회적 요구로서 나온다. 근대 인간 생활에서 경제는 상품 생산, 상품 유통, 상품 소비로 성립된다. 경제를 통해서 인간의 욕구가 충족된다. 즉 경제 생활 내부에 인간이 활동하면서 존재한다. 그 내부에서 각자가 자신의 부분적인 이해관계를 지닌다. 말하자면 행위에 있어서 각자에게 가능한 몫으로 경제에 개입해야

만 한다. 한 사람이 실제로 무엇을 필요로 하는지는 오직 그 사람만 알 수 있고 느낄 수 있을 뿐이다. 한 사람이 무엇을 실행해야 할지는 전체의 생활 상태를 통찰함으로써 그가 판단하기를 원한다. 항상 그렇지는 않았으며, 오늘날에도 아직 지구상의 어디에서나 그렇지는 않다. 그러나 지구상의 민족들 중에서 오늘날 문명화된 부분에서는 본질적으로 그렇다.

[21] 경제 영역은 인류 발달의 과정에서 확장되어 왔다. 봉쇄적 가내 경제에서 도시 경제가, 도시 경제에서 국가 경제가 발달되었다. 오늘날에는 세계 경제를 마주하고 있다. 물론 구시대적인 것 중 많은 부분이 아직도 새것에 내재하고 있지만, 새로운 것에서 많은 것들이 이미 그 구시대적인 것에 암시적으로 존재했었다. 그러나 위에 설명한 발달 선례들이 삶에 있어서의 일정한 상황 내에서 지배적으로 작용하는 것이 되었다는 그 사실에 인류의 숙명이 의존한다.

[22] 추상적인 세계 공동체 안에서 경제력을 조직하기를 바라는 것은 허황된 생각이다. 개별 경제는 발달의 노정에서 광범위하게 국가 경세로 들어섰다. 그런데 국가 공동체는 순수하게 경제적인 힘과는 다른 것들에서 발원되었다. 국가 공동체를 경제 공동체로 전환시키고자 함으로써 최근의 사회적 혼란이 야기되었다. 경제 생활은 국가 제도로부터뿐만 아니라 국가적 사고 방식으로부터도 역시 독립적으로, 그 자체적인 힘으로 형성하기를 추구한다. 순수하게 경제적인 관점에 따라서 소비자, 상품거래자 그리고 생산자

들이 함께 결속해서 협의체를 형성할 때에만 그것이 가능할 것이다. 생활 상태를 통해서 그런 협의체의 크기가 저절로 조절될 것이다. 일을 하는 데에 있어서 너무 작은 협의체는 비용이 너무 들고, 너무 큰 협의체는 경제적으로 조망하기 어려울 것이다. 모든 협의체는 다른 협의체에 대한 조절된 거래 방법을 생활의 요구에 따라 찾을 것이다. 살면서 거주지를 자주 변경해야 하는 사람이 그런 협의체로 인해서 제한된다고 걱정할 필요는 없다. 국가 기관이 아니라 경제적 이해관계가 통로를 주선한다면, 한 협의체에서 다른 협의체로의 통로를 발견할 수 있을 것이다. 그런 협의적인 조직 내부에서 금전 왕래의 용이성을 관리하는 기관이 가능할 수 있다.

[23] 하나의 협의체 내부에서는 전문 지식과 객관성에 힘입어 이해관계의 폭넓은 조화가 지배할 수 있다. 상품의 생산, 유통, 소비를 법률이 아니라 직접적인 통찰과 이해관계에서 사람들이 조절한다. 협의적인 생활 그 내부에 존재함으로 인해서 사람들이 다음과 같은 필수적인 통찰을 지닐 수 있다. 즉 한 이해관계가 다른 이해관계와 계약적으로 타협해야만 함으로써 상품이 적절한 가치로 순환된다. 경제적 관점에 따른 그런 동맹은 예를 들어서 현대 노동조합에서의 동맹과는 조금 다르다. 노동조합은 경제 생활 내에서 작용한다. 그러나 그것이 경제적인 관점에 따라 성립되지는 않는다. 현대 노동조합은 근대 들어서 국가적인 관점, 정치적인 관점의 취급에서 형성된 원칙들에 따라 복제되었다. 현대 노동조합

내에서는 의회 정치를 할 뿐이지, 한 사람이 다른 사람에게 행해야 하는 것을 경제적인 관점에 따라 합의하지는 않는다. 협의체에는 권력을 통해 고용주들로부터 가능한 한 높은 월급을 요구하는 ≪월급쟁이≫들이 앉아 있지 않을 것이다. 가격 조정을 통해서 성과가 적합하게 반대급부를 형성할 수 있도록, 생산에 있어서는 정신적 지도자와 함께, 그리고 생산물에 있어서는 소비하는 이해관계자들과 함께 노동자들이 협력할 것이다. 그것은 집회의 의회 정치를 통해서 실천될 수 없다. 그런 의회 정치는 염려스러운 일이 아닐 수 없다. 수많은 사람들이 노동 협상을 위해 시간을 보내야 한다면 과연 일은 누가 해야 하는가? 인간과 인간의 협정에서, 협의체와 협의체의 협정에서 모든 것들을 노동과 병행해서 실행한다. 그렇게 하기 위해서는 그런 동맹이 노동자들의 통찰과 소비자들의 이해관계에 상응하는 것만 필수적이다.

[24] 이로써 이상향이 그려지지는 않았다. "그것은 이러저러하게 조직되어야 한다."고 전혀 설명하지 않았기 때문이다. 사람들의 통찰과 이해관계에 상응하는 공동체에서 작용하기를 원하는 경우에 일이 어떻게 이루어져야 하는지에 대해서 단지 암시했을 뿐이다.

[25] 국가가 개입해서 걸림돌을 만들지 않는다면, 한편으로는 인간적 천성이 그런 공동체에 결속하도록 배려한다. 바로 천성이 욕구를 생성시키기 때문이다. 다른 한편으로는 자유로운 정신 생활이 그렇게 하도록 배려한다. 자유로운 정신 생활이 공동체 내에서 작용해야 할 통찰이 이루어지도록 하기 때문이다. 경험으로부터 사

고하는 자는 그런 협의 공동체가 매 순간 생성될 수 있다는 점을, 그런 공동체가 이상향과는 아무 관련이 없다는 사실을 인정하지 않을 수 없다. 오늘날의 인간에게는 《조직》에 대한 생각이 암시가 되어 버렸는데, 그런 의미에서 경제 생활을 외부에서 《조직하기》를 바라는 것 외에는 아무것도 그런 공동체의 생성을 방해하지 않는다. 생산을 위해서 사람들을 외부에서 결속시키고자 하는 그런 조직하기에 대한 대립물로서 자유로운 협의에 근거하는 경제 조직이 있다. 협의를 통해서 인간이 타인과 관계를 맺는다. 전체를 위해서 계획되어야 할 것은 개인의 이성을 통해서 이루어진다. 그런데 이렇게 말할 수도 있다. "무산자가 유산자와 협의해서 무슨 소용이 있겠는가?" 모든 생산과 소비를 외부에서 《공평하게》 조정하는 편이 더 낫다고 생각할 수도 있다. 그러나 그런 조직적인 조정이 개인의 자유로운 생산력을 저해하고, 오로지 자유로운 생산력에서만 솟아날 수 있는 것의 유입을 경제 생활에서 제거한다. 모든 선입견을 차치하고 오늘날의 무산자와 유산자 간의 협의체를 그저 한번만 시도해 보라. 경제적인 힘들 외에는 아무것도 개입하지 않는다면, 유산자가 무산자에게 성과를 불가피하게 반대급부로 결산해야만 할 것이다. 오늘날에는 그런 것에 대해 경험에서 우러나는 삶의 본능으로 말하지 않는다. 경제적인 이해에 서라기보다는 계급 이해와 다른 이해에서 발달된 정서로 말한다. 경제 생활이 점점 더 복잡해진 근대에 바로 그 경제 생활을 순수하게 경제적인 관념으로 따라가지 못했기 때문에 그런 정서가 발달할 수 있었다. 자유롭지 못한 정신 생활이 순수하게 경제적인 관념이 생기는 것을 저지하였다. 경제 활동을 하는 사람들은 항상 살아가는 그 생활 속에 존재하고 있지만, 그 경제에서 작용하는 형성력은 그들에게 투명하지 않다. 그들은 인간 생활의 전체에 대한 조망이 없이 일을 한다. 협의체에서는 한 사람이 필수적으로 알아야만 하는 것을 다른 사람을 통해서 경험하게 된다. 자신의 부분적인 영역에 대한 통찰과 경험을 지닌 사람들이 함께-판단하기 때문에 가능한 것에 대한 경제적인 경험이 형성된다.

[26] 자유로운 정신 생활에서는 오로지 그 자체 내부에 존재하는 힘들만 작용하듯이, 협의적으로 형성되는 경제 체계에서는 협의를 통해서 형성되는 그 경제적 가치만 작용한다. 경제 생활에서 한 개인이 해야 할 일은, 그가 경제적으로 협의 관계에 있는 사람과의 공생에서 결과로 나온다. 그로 인해서 그가 자신의 성과에 상응하는 것과 동일한 정도의 영향을 일반적인 경제에 미치게 된다. 근로 무능력자가 어떻게 경제 생활에 편입되는지에 대해서도 이 책에서 논의할 것이다. 강자로부터 약자를 보호하는 일은 오직 자체적인 힘에서 형성되는 경제 생활만이 해낼 수 있다.

[27] 그렇게 사회적 유기체가 두 개의 독립적인 지체로 나누어진다. 그 양 지체 각기가 자신의 고유한 힘에서 생겨난 독특한 행정을 지님으로 해서 상호 간에 받쳐 준다. 그러나 그 양자 간에 제3의 것이 실현되어야만 한다. 그것이 바로 사회적 유기체의 고유한 국가적 지체다. 성인이 된 모든 사람의 판단과 느낌에 의존적일 수

밖에 없는 모든 것이 그 내부에서 정당화된다. 자유로운 정신 생활에서는 각자가 자신의 특별한 능력에 따라서 활동한다. 경제 생활에서는 각자가 협의 관계에서 주어진 자신의 자리에서 충실히 일한다. 자유로운 정신 생활에서 작용할 수 있는 그 능력으로부터 독립적으로, 협의적인 경제 생활을 통해서 한 인간이 생산한 상품이 어떤 가치를 얻는지에 독립적으로, 정치적·법률적 국가 생활에서는 인간이 순수하게 인간적 권리를 실행한다.

[28] 시간과 종류에 따른 노동이 어떻게 정치적·법률적 국가 생활의 업무가 되는지 이 책에서 보여 줄 것이다. 정치적·법률적 국가 생활 내에서는 각자가 타인에 대해서 평등한 입장에 있다. 거기에서는 모든 인간이 평등하게 판단할 수 있는 영역에서 단지 협상하고 관리하기 때문이다. 인간의 권리와 의무가 사회적 유기체의 이 지체에서 조정된다.

[29] 이 세 지체의 독립적인 전개에서 전체 사회적 유기체의 합일이 생겨난다. 유동 자산과 생산 수단의 작용, 토지와 부동산의 이용이 어떻게 그 세 지체의 협력을 통해서 형성될 수 있는지를 이 책이 보여 줄 것이다. 고안해 내거나 어떻게든 만들어 낸 경제 방식으로 사회 문제를 《해결》하려는 사람은 이 책을 실용적이지 못하다고 느낄 것이다. 그러나 사람들이 사회적 과제를 최상으로 인식해서 그것에 몸을 바쳐 일할 수 있는 그런 종류의 결합을 삶의 경험에서 촉구하는 자는 이 책의 필자가 진정한 생활 실천을 추구한다는 점을 아마도 의문시하지 않을 것이다.

[30] 이 책은 1919년 4월에 처음으로 출판되었다. 간행물인 〈사회적 유기체의 삼지성을 실천함에 있어서〉에 당시 서술했던 것에 대한 보충을 기고문으로 실었으며, 그렇게 모은 것들을 『사회적 유기체의 삼지성에 대한 논술에서』라는 책으로 출판하였다.

[31] 그 두 논술에서 사회 운동의 ≪목표≫에 대해서보다는 사회 생활에서 걸어가야 할 길에 대해서 훨씬 더 많이 말했다는 사실을 발견할 수 있다. 생활 실천으로부터 생각하는 사람은 특수한 개별적인 목표가 다양한 형태로 드러날 수 있다는 점을 알고 있다. 추상적인 사고 속에 사는 사람에게만 모든 것이 분명한 윤곽으로 나타난다. 그런 사람은 생활에 실용적인 것이 확정적이지 않고, 충분히 ≪명확하게≫ 제시되지 않았다고 생각하기 때문에 자주 비난한다. 스스로를 실용가로 여기는 다수가 하필이면 바로 그 추상적인 사람들이다. 그들은 삶이 무수하게 각양각색의 형상을 띨 수 있다는 사실을 고려하지 않는다. 삶은 유동적인 요소다. 그리고 그 삶을 동행하려는 사람은 자신의 생각과 느낌에서 그 유동적인 특색에 적응해야만 한다. 사회적 과제는 오로지 그런 생각으로만 파악될 수 있다.

[32] 삶을 관찰하면서 이 저술의 관념들을 쟁취하였다. 그리고 역시 그렇게 삶을 관찰하면서 그 관념들을 이해하기 바란다.

이 책의 의도에 대한 서문

⁰¹ 오늘날의 사회 생활은 심각하고 포괄적인 과제를 제시하고 있다. 새로운 제도에 대한 요구들이 사회 생활 내부에서 생겨나고 있으며, 그러한 요구들이 과제의 해결을 위해 지금까지 생각하지 않았던 길을 찾아야만 한다는 점을 보여 준다. 현재의 사회적 혼란이 지금은 피할 수 없게 된 그 길을 미처 생각지 않음으로 인해 몰아졌다는 의견을 삶의 경험으로부터 인정하는 이들이 현재의 정황에 의해 지지되면서 필시 오늘날 주목을 받을 수 있을 것이다. 이 책은 그런 의견을 근거로 한다. 이 책은, 오늘날 인류 대부분이 제시하는 그 요구들을 목적 의식이 있는 공동체적 의지의 길로 이끌어 가기 위해서 일어나야 할 것은 무엇인지에 관해 말하고자 한다. 그런 의지 형성의 경우에는 그 요구들이 누구의 마음에 드는지 마는지에 상관해서는 안 된다. 그런 요구들이 존재하고 있

으며, 그것을 사회 생활의 사실로서 고려해야만 한다. 바로 이 점을, 그들의 개인적인 삶의 상황으로 인해, 이 책의 필자가 그 서술에 있어서 프롤레타리아적 요구에 관해서는 그들의 마음에 들지 않는 방식으로 말한다고 생각하는 사람들이 의심스럽게 여길 수도 있다. 왜냐하면 그들의 의견에 따르면, 이 책이 그들의 요구를 공동체적 의지가 고려해야 하는 것에 비해 너무 편파적으로 언급하고 있기 때문이다. 그러나 필자는 현재의 삶에서 얻은 인식에 따라 가능한 만큼 그 삶의 완전한 실재에 근거해 말하고자 한다. 새로운 인류의 삶에서 어쨌든 간에 드러난 그 사실을 보지 않으려 하는 경우에, 그리고 그 사실들을 고려하는 공동체적 의지에 대해서 알고 싶어 하지 않는 경우에 발생할 수밖에 없는 불길한 결과가 필자의 눈앞에 펼쳐져 있다.

[02] 오늘날 몸에 밴 적잖은 습관의 영향을 받은 채 실생활에 대한 표상을 취하면서 자신을 생활 실용가라 여기는 바로 그런 인사들이 **가장 먼저** 필자의 상술을 별로 만족스럽게 여기지 않을 것이다. 그들은, 이 책의 내용이 생활 실용가의 말이라고는 전혀 생각지 않을 것이다. 필자는 **바로 그런** 인사들이 그들의 생각을 철저하게 바꾸어야만 한다고 믿는 바이다. 필자에게는 그들의 ≪생활 실천≫이 현재의 인류에게 닥친 그 사실을 통해 의심의 여지가 없이 오류로 증명된 것으로 보이기 때문이다. 그 끝을 알 수 없는 불운으로 이끌어 간 그런 오류로. **그들에게는** 황당무계한 이상주의로 보이는 적잖은 것들을 실용적이라 인정하는 것이 불가피함을

그들은 파악해야만 한다. 이 책의 첫 부분에서 경제 생활보다 현대 인류의 정신 생활에 대해서 더 많이 언급했기 때문에 이 책이 출발점을 빗나갔다고 생각할 수도 있다. 현대 인류의 정신 생활을 합당하게 주목하지 않으려 한다면, 이미 범해진 실수에 수없이 많은 것들이 더해지리라고 필자는 본인의 삶에서 얻은 인식으로부터 추측할 **수밖에 없다**. 인류가 순전히 물질적인 흥미에 몰두하기를 벗어나서 ≪정신으로≫, ≪이상주의로≫ 향해야 한다고 다양한 형태로 항상 상투어만 남발하는 그런 사람들 역시, 이 책에서 말하는 것들을 별로 탐탁지 않게 여길 것이다. 필자는 ≪정신을≫ 그저 가리키는 것이나, 안개 같이 몽롱한 정신 세계에 대해 이야기하는 것을 그렇게 높이 평가하지 않기 때문이다. 인간 자신의 생활 내용이 될 바로 그 정신성만 인정할 수 있다. 그 생활 내용이 실질적인 삶의 과제를 해결하는 데에서, 그리고 역시 영적인 욕구를 충족시키는 세계관과 인생관의 형성에서 유효한 것으로 입증된다. 정신성에 대해 알고 있는지, 혹은 알고 있다고 믿는지는 중요하지 않다. 중요한 것은 그 정신성이 실용적인 현실의 파악에서도 역시 드러나야 한다는 점이다. 그런 정신성은 단지 내적인 영혼 존재를 위해서 유보된 지류로서 현실을 동행하는 것이 아니다. 이런 이유로 해서 이 책이 ≪정신적인 사람≫에게는 아마도 너무 비정신적이고, ≪실용가≫에게는 세상사에 너무 낯설어 보일 것이다. 필자가 오늘날 ≪실용가≫라고 자처하는 적잖은 사람들이 지니는, 삶에 대한 생소함으로 기울지 않기 때문에, 그리고 단어로 삶의 환상을 만들어 내는 그런 ≪정신≫에 관한 말들에도 역시 어떤 정당성을 부여하지 않기 때문에, **바로 그런 이유로 해서** 필자는 현재의 생활에 자신의 방식으로 헌신할 수 있으리라는 의견이다.

⁰³ 경제 문제로서, 권리·법률 문제로서 그리고 정신적인 문제로서 ≪사회 문제≫가 이 책에서 언급될 것이다. 경제 생활, 권리·법률 생활, 정신 생활의 요구에서 어떻게 사회 문제의 ≪진정한 형상≫이 결과로 나오는지를 인식한다고 필자는 믿는 바이다. 오로지 그 인식으로부터만 사회 질서 내부에서의 이 세 가지 생활 영역의 건강한 형성을 위한 자극이 나온다. 인류 발달의 옛 시대에서는 그 세 영역이 당시의 인간 천성에 적합한 방식에 따라 전반적인 사회 생활로 편입되도록 사회적 본능이 배려했다. 인류 발달의 현시점에서는 목적 의식을 지닌 공동체적 의지를 통해서 그 편입을 추구해야만 하는 불가피성을 당면하고 있다. 그런 의지를 위해서 가장 먼저 고려되는 국가들[1]에 있어서는 옛 시대와 현재 사이에 낡은 본능과 새로운 의식성의 혼란스러운 작용이 존재하며, 그 혼란한 작용이 현대 인류의 요구에 더 이상 대처할 능력이 없다. 오늘날 목적 의식이 있는 공동체적 사고라 생각되는 적잖은 것들에는 아직도 낡은 본능들이 계속해서 존재하고 있다. 바로 그것이, 요구되는 사실을 대면해서 그 사고를 허약하게 만든다. 다

---

[1] 17~19세기를 거치면서 왕정 국가에서 시민 국가로 전환된 유럽 국가들.

수가 상상하는 것보다 더 철저하게 오늘날의 인간이 더 이상 생존력이 없는 요소들을 떨쳐 버려야만 한다. 새 시대 자체로부터 요구되는 건강한 사회 생활의 의미에서 어떻게 경제 생활, 권리·법률 생활, 정신 생활을 형성해야 할지는 방금 언급한 것을 인정할 수 있는 선한 의지를 발달시키는 자에게만 분명해진다. ― 필자는 그렇게 생각하는 바이다. ― 그런 필수적인 형성에 대해서 말해야만 한다고 필자가 믿는 것을 이 책을 통해 오늘날의 판단에 제시하고자 한다. 오늘날 생활 현실과 삶의 불가피한 사항에 상응하는 공동체적 목표를 향하는 길에 이르는 **고무를** 제시하고자 한다. 오로지 그런 추구만 환상적인 이론과 이상향을 극복하고 공동체적 의지의 영역으로 이끌어 갈 수 있다고 생각하기 때문이다.

[06] 그래도 이 책에서 어떤 이상향적인 것을 발견하는 사람에게는, 사회적 상황의 가능한 발달에 대해서 생각하는 적잖은 표상들이 오늘날 얼마나 심하게 실생활로부터 동떨어져서 환상적인 이론으로 빠져드는지를 숙고해 보라고 권하는 바이다. **바로 그래서** 이 책에서 설명하고자 시도했던 방식으로 진정한 현실과 생활 경험에서 건

---

* 필자는 이 상술에서, 국민 경제적 서적들에서 통상적으로 사용되는 표현에 무조건 집착하기를 의식적으로 삼갔다. 《전문가적》 판단이 초보적이라고 말을 할 그런 부분을 필자는 정확하게 알고 있다. 민족학이나 사회 과학적 서적들에 익숙지 않은 사람들을 위해서도 역시 말하고 싶었다는 사실뿐만 아니라, 무엇보다도 그런 저서들에서 《전문가적인 것》으로 여기는 것들 대부분을 새 시대가 심지어는 이미 그 표현 형태조차도 일방적이고 불충분한 것으로 보이게 한다는 바로 그 견해도 필자의 표현 방식을 규정했다. 여기에 제시된 내용을 연상시키는 것이 나

져 올린 것을 사람들이 이상향이라 간주하는 것이다. 많은 사람들이 항상 습관적으로 생각하는 것만 ≪구체적인 것≫이라 여기고, 구체적인 것도 그것을 생각하는 데에 익숙하지 않으면 ≪추상적≫이라 여기기 때문에, 그들은 이 책의 내용을 ≪추상적인 것≫이라고 간주할 것이다.*

[05] 정당의 강령에 엄격하게 얽매인 두뇌들이 이 책을 일단은 만족스럽게 여기지 않으리라는 점을 알고 있다. 그럼에도 불구하고 필자는, 발달의 사실 정황이 이미 정당 강령의 단계를 훨씬 더 넘어섰으며, 공동체적 의지를 위한 다음 목표에 대해 정당 강령으로부터의 **독립적인 판단**이 무엇보다도 필수적이라는 확신에 많은 정당 소속인들이 머지않아 도달하리라고 믿는다.

1919년 4월 초

루돌프 슈타이너

타나는, 다른 사람의 사회적 사상도 필자가 역시 암시했어야 한다고 생각하는 사람들에게는, 필자가 수십 년간의 생활 체험에서 얻었다고 믿는, 여기에 특성화된 관조의 **출발점과 그 길들이** 단순히 그렇고 그런 모양을 띠는 생각이 아니라, 주어진 자극을 실질적으로 구현하기 위한 본질적인 것이라는 점을 숙고하라고 권한다. 이 사상이나 저 사상과 관련해서 유사하게 **보이는** 생각을 알아차리지 못했다기보다는, 이 책의 Ⅳ장에서 알아볼 수 있듯이 필자는 실질적인 구현을 위해서 이미 전력을 투구하였다.

Ⅰ. 사회 문제의 진정한 형상,
현대의 인류 생활로부터 파악하다

⁰¹ 세계 대전이라는 참상에서, 프롤레타리아의 의지를 이해한다고 수십 년간 믿어 왔던 생각들이 얼마나 부족했는지를 증명하는 사실 정황을 통해 현대 사회 운동이 그 형상을 드러내지 않았는가?

⁰² 예전에는 억압받았던 프롤레타리아의 요구들에서 나오는 것, 그리고 그와 관련해서 삶의 표면으로 뚫고 올라오는 것이 오늘날 부득이 이 질문을 하도록 만든다. 그 억압을 야기했던 권력들은 부분적으로 붕괴되었다. 그 권력들이 인류 대부분의 사회적 원동력과 맺었던 그 관계는, 인간 천성으로부터 나오는 자극이 절대로 파괴될 수 없다는 사실을 전혀 인식조차 하지 못하는 사람만 유지되기를 원할 수 있다.

⁰³ 1914년 당시 전쟁으로 몰아대며 유럽인들의 삶에 내재했던 힘들에, 그들의 생활 상태에서 보아 조언이나 협의를 통해서 억제하

거나 고무하면서 영향을 끼칠 수 있었던 상당수의 인사들은 그 원동력을 완전히 허상이라 치부해 버리고 말았다. 그들은 조국의 무력적 승리가 사회적 풍파를 평정하리라 믿고 있었다. 그런 인사들은 자신들이 취한 태도의 결과로 인해서 그 사회적 동력이 본격적으로 완전하게 가시화되었다는 사실을 알아차렸어야만 했다. 그렇다. 오늘날 인류가 겪는 참상은 그 사회적 동력이 완전한 폭발력을 얻게끔 만든 역사적 사건으로서 입증되었다. 지도적인 인사들과 계급은 파국적인 지난 세월 동안 그들의 태도를, 인류 중에서 사회주의적 정서를 지닌 세력 내에 존재하는 것에 끊임없이 의존적으로 만들지 않을 수 없었다.[2] 그 세력의 정서를 등한시할 수만 있었다면, 그들은 기꺼이 자주 다른 방식으로 처리했을 것이다. 사건들이 취한 현재의 형상 속에 그 정서의 작용이 여전히 존속하고 있다.

04 그리고 이제, 수십 년간 뚜렷한 징후를 보이면서 인류 생활의 발달에서 자라온 것이 결정적인 단계로 들어섰다. 그 사실들이 되

---

2) 산업 혁명과 더불어 17세기부터 영국에서 점차적으로 시작된 노동자 운동이 19세기 들어 독일에서는 카를 마르크스와 엥겔스의 이론을 바탕으로 실질적, 정치적 권력으로 조직화되었다. 페르디난드 라살레, 빌헬름 리프크네히트, 아우구스트 베벨, 로자 룩셈부르크로 이어지는 마르크스주의 사상가들의 힘을 입어 현재 독일 사민당의 전신인 사회노동당이 창건되었다. 당이라는 정치적 권력을 통한 노동 운동은 노동 시간, 최저 임금, 의료 보험, 실업 보험 등 노동자들의 복지에 관한 안건뿐만 아니라 노동자들의 선거권 역시 쟁취함으로써 지배 계급의 의도와는 반대로 '무식한 노동자들' 역시 정치에 직접적으로 영향을 미치게 되었다.

어 가는 과정 속에서 생겨난 사고가 이미 되어 버린 사실들에 대처할 능력이 없다는 비극적인 운명에 이르고 말았다. 그 되어 가는 과정 속에서 사회적 목표로서 존재하는 것에 봉사하기 위해서 자신의 사고를 양성했던 많은 인물들은 사실들에 의해서 제시된 숙명의 문제에 관해서 거의 혹은 전혀 아무것도 할 능력이 없다.

05 인류 생활의 새로운 형성을 위해 필수적이라고 오랫동안 생각해 왔던 것이 실현될 것이고, 그러면 요구되는 사실에 실질적으로 가능한 방향을 제시하기에 충분한 힘을 지니게 되리라고 그 인사들 중 상당수가 아직도 믿고 있다. 대부분의 인류가 원하는 새로운 요구에 대립해서 낡은 것이 유지되어야 한다고 아직도 계속해서 망상 속에 빠져 있는 이들의 의견은 간과될 수 있다. 새로운 생활의 형성에 대한 불가피성을 확신하는 사람의 의지에 초점을 맞출 수 있다. 그러면 역시 이렇게 고백하는 일 외에는 아무것도 할 수 없을 것이다. "우리 사이에 당의 강령이 판단의 미라처럼 배회하고 있다. 그 당의 강령은 사실 발달에 의해 거부될 것이다." 사실이 결정을 요구한다. 그러나 낡은 당의 판단은 그 결정을 위해 준비되지 않았다. 그런 당들은 사실과 함께 발달했다. 그러나 그들은 사고습관에 있어서 그 사실을 따라잡지 못하고 있다. 방금 암시된 것을 현재 발생하는 세계 사건들의 진행 과정에서 알아볼 수 있다고 믿는다 하더라도, 오늘날 여전히 표준으로 간주되는 의견에 비해 필시 터무니없어지지는 않는다. 이 관점에서, 사회주의 계열의 인사들과 당의 노선이 지니는 사고 습관과는 본질적으로

거리가 먼 것을 새로운 인류의 사회 생활 내에서 특성화해 보려는 시도를 위해 바로 현시점이 수용성을 띨 수밖에 없다는 결론을 도출해 낼 수 있다. 사회 문제를 해결해 보려는 시도에서 드러나는 비극은 진정한 프롤레타리아적 추구에 대한 오해에서 비롯된다고도 할 수 있기 때문이다. 그들의 관조를 통해 그 추구를 이미 벗어날 정도에 이른 바로 그 사람들 쪽에서의 오해에. 왜냐하면 인간은 자신이 원하는 것에 대해 언제나 올바른 판단을 내리지는 않기 때문이다.

⁰⁶ 그러므로 현대 프롤레타리아적 운동이 진정으로 무엇을 **원하는지에** 대해서 한번 물어보는 것이 정당하게 보일 수 있다. 그 원함이 프롤레타리아 쪽이나 프롤레타리아가 아닌 쪽에서 그 원함에 대해 일상적으로 하는 생각에 상응하는가? 대다수의 사람들이 ≪사회 문제≫에 관해 생각하는 것에 과연 그 ≪문제≫의 **진정한 형상**이 드러나는가? 아니면 완전히 다른 방향의 사고가 필요한가? 삶의 숙명으로 인해, 현대 프롤레타리아의 영혼 생활에 친숙해질 수 있는 입장에 있어 보지 않았다면 **이** 질문에 편견 없이 접근할 수 없을 것이다. 좀 더 정확히 말하자면 프롤레타리아 중에서도 오늘날의 사회 운동이 띠고 있는 그 형상에 주된 역할을 했던 그 프롤레타리아의 영혼 생활에.

⁰⁷ 현대 기술과 현대 자본주의 발달에 대해서 사람들은 많은 것들을 논의했다. 그 발달 내에서 어떻게 오늘날의 프롤레타리아들이 생겨났는지, 어떻게 그들이 새로운 경제 생활의 전개를 통해서

그들의 요구에 이르게 되었는지 물어보았다. 이 방향에서 이루어졌던 모든 논의 안에 정확하게 맞아떨어지는 것들이 많이 담겨 있다. 그러나 그것으로는 결정적인 사항을 역시 건드리지 못한다는 점이 다음과 같은 판단에 의해 최면당하지 않은 사람에게 떠오를 수 있다. "외부 상황이 인간의 삶을 규정한다." 내면의 깊은 곳으로부터 작용하는 영적인 자극을 향한 자연스러운 통찰을 보존한 사람에게는 그 점이 드러난다. 현대 기술과 현대 자본주의 생활에서 프롤레타리아적 요구가 발달된 것은 분명한 사실이다. 그러나 그 사실을 인정하더라도 실제로 **순수하게 인간적인** 자극으로서 그 요구에 내재하는 것에 관한 해명은 나오지 않는다. 그 자극의 삶으로 뚫고 들어가지 않는 한, 역시 ≪사회 문제≫의 **진정한 형상**에는 접근할 수 없다.

[08] 프롤레타리아 세계에서 자주 말해지는 단어가, 인간적 원함에 깊이 내재하는 원동력으로 뚫고 들어갈 수 있는 사람에게 의미심장한 인상을 남길 수 있다. 그 단어는 이렇다. "현대 프롤레타리아는 ≪**계급 의식**≫이 있다." 오늘날의 프롤레타리아는 자신 외에 존재하는 계급에서 나오는 자극을 더 이상 본능적으로, 무의식적으로 따르지 않는다. 특정한 계급의 구성원임을 알고 있다. 다른 계급에 대한 자기 계급의 관계를 공공 생활에서 자신의 이해에 적합한 방식으로 정당화하기를 원한다. 영적인 저변의 흐름에 대한 파악 능력을 지닌 사람은, 현대 프롤레타리아가 ≪계급 의식≫이라는 단어를 사용하는 관계에서 보아 그 단어를 통해서, 현대

기술과 현대 자본주의 생활 속에 존재하는 그 노동 계급의 사회적 생활관에서 가장 중요한 사실을 암시적으로 생각하게 된다. 그 사람은 무엇보다도 먼저 경제 생활에 관한 과학적 이론과 인간 숙명에 대한 경제 생활의 관계가 어떻게 프롤레타리아의 영혼을 선동적으로 파고드는지에 관심을 두지 않을 수 없다. 여기에서 한 가지 사실을 접촉하게 된다. 프롤레타리아와 **함께** 하지 않고, 단지 그들에 **대해서만** 생각할 수 있는 많은 사람들이 그 사실에 대해서 완전히 흐릿한, 심지어 현재의 심각한 사건들을 바라보는 관점에서는 파괴적인 판단을 하고 있다. 마르크시즘이나 프롤레타리아적 저술가들에 의해서 계승된 마르크시즘이 ≪무식한≫ 프롤레타리아들을 현혹했다는 등의 우리가 흔히 들을 수 있는 의견으로는 오늘날 이 영역에서 역사적인 세계 상황을 이해하기 위해 필수적인 것에 이를 수 없다. 그런 의견을 지니는 사람은 오늘날의 사회 운동에 내재하는 본질적인 것으로 자신의 시각을 돌릴 의향이 없다는 점만 보여 줄 뿐이다. 그리고 그 본질적인 것은, 새로운 **과학적** 발달에서 그 성격을 채취한 개념들로 프롤레타리아적 계급 의식을 채운다는 점이다. ≪과학과 노동자≫에 대한 라살레의 연설에 내포되었던 것이 바로 그 의식 속에 정서로서 계속해서 작용하고 있다. 자신을 ≪실용적인 사람≫이라 여기는 이에게는 그런 것들이 사소하게 보일 수도 있다. 그러나 현대 노동 운동에 대해 열매를 맺는 통찰을 얻고자 한다면 그런 것에 주의를 **기울여야만 한다**. 온건하거나 과격한 프롤레타리아가 오늘날 요구하는 것에는,

사람들이 더러 생각하듯이 인간적 자극으로 변화된 그런 경제 생활이 내재하지 않는다. 그것에는 프롤레타리아적 의식을 사로잡고 있는 경제-**과학**이 살고 있다. 프롤레타리아 운동에서 과학적으로 간주되는 저술들과 대중적 신문기사 등에서 그런 것이 아주 분명하게 드러난다. 그것의 부정은 진정한 사실을 보지 않으려고 두 눈을 가리는 일밖에 되지 않는다. 그리고 현재의 사회 상태를 야기한 아주 근본적인 사실은, 현대 프롤레타리아가 과학적 성격을 띠는 개념들로 자신의 계급 의식 내용을 규정짓도록 한다는 것이다. 기계에 매달려서 일하는 노동자가 《과학》과는 완전히 동떨어져 있을 수도 있다. 그러나 《과학》으로부터 계몽을 위한 수단을 얻은 사람에게서 노동자가 자신의 위치에 대한 설명을 듣는다.

[09] 새로운 경제 생활, 기계 시대, 자본주의에 대한 모든 논쟁들이 아무리 그럴 듯하게 현대 프롤레타리아 운동의 사실 근거를 언급한다 할지라도, 현재의 사회적 상황을 결정적으로 해명하는 것이, 노동자가 기계 앞에서 일하면서 자본주의적 생활 질서에 얽매여 있다는 사실 그 자체에서 직접적으로 나오지는 않는다. 기계에 매달려서, 그리고 자본주의적 경제 질서에 대한 의존성에서 아주 특정한 **생각들이** 형성되었다는 다른 사실에서 그것이 나온다. 오늘날의 사고습관이 이 사실 정황의 파급 효과를 완전히 이해할 수 없도록 만들기 때문에, 이 사실 정황을 강조하면 많은 이들이 단지 개념의 변증법적 놀이로 여기는 듯하다. 그런 사람에게는 이렇게 말하지 않을 수 없다. "본질적인 것을 주시할 능력이 없는 사

람의 경우에는 오늘날의 사회 생활을 투시할 수 있는 유익한 관점을 얻을 전망이 더욱더 나쁘다." 프롤레타리아 운동을 이해하려는 사람은 다른 무엇보다도 프롤레타리아가 어떻게 **사고하는지**를 알아야만 한다. 프롤레타리아 운동은 — 온건한 개혁 추구부터 끔찍한 기형에 이르기까지 — ≪인간 외적인 힘≫이나 ≪경제적 자극≫에 의해서가 아니라 **인간**에 의해서, 즉 인간의 표상과 의지 자극에 의해서 만들어졌기 때문이다.

[10] 현대 사회 운동의 의지력과 규정적인 관념들은 기계와 자본주의가 프롤레타리아적 의식에 심어 준 것 내에 존재하지 않는다. 그 운동은 새로운 과학의 방향 속에서 사고-원천을 찾았다. 기계와 자본주의가 프롤레타리아에게 인간 존엄적인 내용으로 영혼을 채울 수 있는 것을 제시할 수 없었기 때문이다. 그런 내용을 중세 장인들은 자신의 직업에서 얻었다. 중세 장인들이 자신의 직업과 **인간적으로** 연결되어 있다고 느꼈던 그 양식 속에, 전체 인간 공동체 내부에서의 삶이 살 만한 가치가 있어 보이도록 그의 의식 앞에 비추는 어떤 것이 존재했다. 자기가 하는 일을 통해서 ≪인간≫으로서 되고자 하는 것을 실현하고 있다고 믿을 수 있었다. 인간이 ≪인간≫으로서 과연 무엇인가에 대해서 의식을 받쳐 주는 확신을 세워 일으킬 근거를 찾는 경우에 기계 앞에서, 그리고 자본주의 생활 질서 내부에서 인간은 자신에게, 자신의 내부로 위탁된다. 기술에서 그리고 자본주의에서는 그런 확신을 위해서 아무것도 나오지 않는다. 바로 그래서 프롤레타리아적 의식이 과학

적 성격을 띤 사고로 방향을 잡았다. 프롤레타리아적 의식이 직접적인 삶에 대한 인간적 관계를 잃어버린 것이다. 그런데 그것이, 인류를 지배하던 계급이 과학적 사고 양식을 추구했던 그 시기에 발생하였다. 그 과학적 사고 양식 자체는 인간적 의식의 요구에 맞추어 모든 방향에서 만족할 만한 내용으로 이끌어 갈 정신적 추진력을 더 이상 지니지 않았다. 옛 시대의 세계 관조는 영혼으로서의 인간을 정신적 현존 관계 속에 위치시켰다. 새로운 과학 앞에서 인간은 순수한 자연 질서 내부의 자연 존재로 드러난다. 과학은, 정신 세계에서 인간의 영혼으로 흘러드는 흐름처럼, 영혼으로서의 인간을 떠받치는 흐름처럼 감지되지 않는다. 종교적 자극과 그와 유사한 것이 현대의 과학적 사고 양식과 지니는 관계에 대해서 어떤 식으로 판단하든 간에 역사적 발달을 편견 없이 고찰한다면, 과학적 표상이 종교적인 것에서 발원했다는 사실을 시인해야만 한다. 그러나 종교적 저변에 근거를 둔 낡은 세계관은 현대의 과학적 표상 양식에 영혼을 받쳐 주는 그 자극을 전달하지 못했다. 그 세계관은 과학적 표상 양식의 외부에 자리 잡았으며, 그렇게 프롤레타리아의 영혼이 향할 수 없는 의식 내용으로 남았다. 그 의식 내용이 지배 계급에게는 여전히 가치가 있었다. 이러저러한 방식으로 그들의 생활 상태와 연결되어 있었다. 전통이 생활 자체를 통해서 그들을 낡은 것에 여전히 매달리도록 했기 때문에 그 계급은 새로운 의식 내용을 찾지 않았다. 현대 프롤레타리아는 모든 낡은 생활 관계로부터 내동댕이쳐지고 말았다. 완전히 새로운 근거에 그의 삶이 세워진 상태의 인간이 프롤레타리아다. 오랜 삶의 근거를 빼앗김과 동시에 그를 위해서는 구시대의 정신적 샘물에서 길어 올릴 가능성도 사라지고 말았다. 프롤레타리아에게는 낯선 영역 한 가운데에 그 정신적 샘물이 위치하고 있었다. 현대 기술과 현대 자본주의의 발달과 더불어 동시에 ― 거대한 세계 역사적 흐름들을 동시에 명명할 수 있는 그런 의미에서 ― 현대 과학성이 발달했다. 바로 그것에 현대 프롤레타리아가 믿음과 확신을 바쳤다. 바로 그것에서 현대 프롤레타리아가 자신을 위해서 필수적인 새로운 의식 내용을 찾았다. 그런데 프롤레타리아는 그 과학성에 대해서 지배 계급과는 다른 관계를 지녔다. 지배 계급은 그 과학적 표상 양식을, 그들의 영혼을 받쳐 주는 인생관으로 만들어야 할 필요는 없다고 느꼈다. 자연 질서 속에서 가장 하등동물로부터 인간에 이르기까지 수직적인 인과 관계가 지배한다는 ≪과학적 표상 양식≫을 아무리 철저하게 관철할 수 있었다 하더라도, 그들에게는 그 표상 양식이 결국은 이론적 확신에 불과했다. 삶이 그 확신에 어떻게 전적으로 상응하는지를 느끼면서 삶을 받아들이려는 성향을 만들어 내지는 않았다. 자연 과학자 포크트, 자연 과학을 대중화시킨 뷔히너, 그들은 과학적 표상 양식을 확실하게 관철했다. 그러나 그 표상 양식에 병행해서 그들의 영혼 안에 무엇인가가 작용하고 있었다. 그것이 그들을, 정신적 세계 질서에 대한 믿음에서만 의미심장하게 정당화되는 그 삶의 연관성에 매달리도록 했다. 편견 없이 자유롭게 그저 표상해 보

라. 노동이 끝난 후 주어지는 간만의 저녁 시간에 선동가가 나타나서 "인간의 원천이 정신적인 세계에 있다는 사실에 대한 믿음을 근대 들어서 과학이 제거하였다. 원시 시대에 인간이 점잖지 못하게 나무나 기어오르면서 살았다고 가르친다. 나무를 기어오르는 것들과 똑같은, 순수하게 자연적인 기원을 인간이 지니고 있다고 가르친다."라고 말하는 것을 듣는 현대 프롤레타리아에 비해서, 삶의 연관성 속에 자신의 현존재가 고정되어 있는 사람에게 그 과학성이 얼마나 다르게 작용할지를. 현대 프롤레타리아가 인간으로서 세계의 현존재 그 안에 어떻게 존재하는지를 느끼도록 해 주는 영혼내용을 찾을 때에, 그는 그런 식의 생각에 초점을 맞춘 과학성 앞에 세워진 자신을 발견했다. 프롤레타리아는 그 과학성을 여지없이 심각하게 받아들였고, 그것에서 삶을 위한 **자신의** 결론을 도출해 내었다. 지배 계급의 구성원에 비해서 프롤레타리아는 산업화와 자본주의 시대를 다르게 조우하였다. 전자는, 아직은 영혼을 받쳐 주는 자극에 의해서 형성된 생활 질서 안에 존재했다. 그의 모든 흥미는 근대 들어 성취한 것들을 그 생활 질서의 테두리 안에 끼워 넣는 데에 있었다. 프롤레타리아는 그 생활 질서에서 영적으로 뿌리 뽑히고 말았다. 프롤레타리아의 삶이 인간적인 품위를 주는 내용으로 두루 비쳐지고 있다는 느낌을 프롤레타리아의 생활 질서가 그에게 제공할 수 없었다. 인간이 인간으로서 과연 무엇인가를 느끼도록 해 주는 것, 바로 그것을, 낡은 생활 질서에서 생성되어서 믿음을 일깨우는 힘으로 준비된 듯이 보이

는 유일한 것이 프롤레타리아에게 줄 수 있었다. 바로 과학적 사고 양식이었다.

" 프롤레타리아적 표상 양식의 ≪과학성≫을 참조하라고 하면, 이 책을 읽는 독자들 중 상당수가 웃지 않을 수 없을 것이다. ≪과학성≫이라고 하면 오랜 세월 동안 ≪교육 기관≫에 앉아서 배워야 하는 것이라고만 생각하면서, 그런 ≪과학성≫을 ≪전혀 배우지 않은≫ 프롤레타리아의 의식 내용에 대한 대립물로 만드는 사람, 그런 사람은 우습게 여길 것이다. 그는 오늘날의 삶에서 숙명을 결정하는 사실들을 비웃는 것이다. 그러나 그런 상태가 바로, 배우지 않은 프롤레타리아 스스로는 필시 전혀 지니지 않는 그 과학성에 자신의 생활신조를 맞추는 반면에, 높은 학식을 지닌 상당수의 사람들이 비과학적으로 **살고 있다**는 점을 입증한다. 교육을 받은 사람은 과학을 수용했다. 그래서 과학이 그 사람의 영혼-내면에 있는 서랍에 들어 있다. 그 사람은 삶의 연관성 속에 존재한다. 그리고 과학에 의해서 좌지우지되지 않는 그 연관성을 자신의 느낌이 따르도록 한다. 프롤레타리아는 그의 생활 상태로 인해, 자신의 현존재를 파악하는 데에 있어서 그것이 과학의 **성향에** 부합하는지를 고려하는 처지에 이르렀다. 다른 계급이 ≪과학성≫이라 부르는 것이 프롤레타리아에게는 요원할 수도 있다. 그런데 그 과학성의 표상 방향이 그의 삶을 이끌어 준다. 다른 계급을 위해서는 종교적인 근거가, 미학적인 근거가, 보편적·정신적인 근거가 규정하는 요소다. 비록 그 대부분은 최종적인 사상-지류에 불과한 것들이라 하더라도 ≪과학이≫ 프롤레타리아에게는 생활 신조가 된다. ≪지배하는≫ 계급에 속하는 구성원 중 상당수가 자신이 ≪계몽되었다≫고, ≪종교로부터 자유롭다≫고 느낀다. 분명히 그 사람들의 표상 속에 과학적 확신이 살고 있다. 그러나 그들의 느낌 속에는 전래된 삶의 확신에서 나온, 그들이 알아채지 못한 나머지가 고동치고 있다.

[12] 과학적 사고 양식이 낡은 생활 질서로부터 받아들이지 않은 것이 있다. 과학적 사고 양식은 정신적 양식으로서 정신적인 세계에 뿌리박고 있다는 의식이 바로 그것이다. 지배 계급의 구성원들은 현대 과학성의 그런 성격을 무시할 수 있었다. 낡은 전통이 그들의 삶을 채워 주었기 때문이다. 프롤레타리아는 그렇게 할 수 없었다. 새로운 생활 상태가 낡은 전통을 그의 영혼에서 몰아내었기 때문이다. 그는 지배 계급에게서 과학적 표상 양식을 유산으로 물려받았다. 그 유산이 프롤레타리아에게는 인간의 본성에 대한 의식의 근거가 되었다. 그러나 그의 영혼 속에서 그 ≪정신적 내용≫은 진정한 정신 생활에 내재하는 원천에 대해 전혀 아는 바가 없다. 프롤레타리아가 지배 계급으로부터 정신 생활로서 유일하게 넘겨받을 수 있었던 것이 정신에서 솟아나는 그 원천을 부정했다.

[13] 생활을 ≪실용적≫으로 영위한다고 믿으면서, 그 믿음에 근거해서 여기에 서술된 것이 삶으로부터 거리가 먼 관조라고 여기는 비프롤레타리아, 그리고 프롤레타리아 역시 어떤 식으로 이 생각을 대할지 필자는 잘 알고 있다. 오늘날의 세계 상황에서 드러나

I. 사회 문제의 진정한 형상

는 사실들이 그런 믿음은 망상이라는 점을 점점 더 입증할 것이다. 편견 없이 이 사실을 볼 수 있는 사람에게는, 사실의 외적인 것에만 매달리는 인생관은 결국 사실과 더 이상 아무 관계가 없는 표상에만 접근할 수 있다는 점이 드러난다. 사실과 더 이상 어떤 유사성도 지니지 않는 그 시점에 이르기까지는 지배적인 생각이 ≪실용적으로≫ 사실에 매달려 있었다. 이런 관계에서 보아 오늘날의 세계적 혼란은 많은 이들을 위해서 엄격한 교훈이 될 수 있다. 바로 이렇게 물어보아야만 한다. "되어질 수 있는 것에 대해서 그들은 과연 무엇을 생각했는가? 그리고 무엇이 되었는가? 공동체적인 사고에 있어서도 역시 그렇게 해야만 하는가?"

[14] 프롤레타리아적인 인생관의 신봉자가 자신의 영혼 정서에서 만들어 낸 반박 역시 필자는 정신적으로 듣고 있다. "시민 계급적인 성향을 향해 편안하게 달리는 듯이 보이는 궤도로 사회 문제의 실제적인 핵심을 돌리려는 자가 또 하나 있군." 그 신봉자는, 어떻게 숙명이 그에게 그 프롤레타리아적 생활을 가져다주었는지, 그리고 ≪지배하는≫ 계급으로부터 유산으로 건네받은 그 사고 방식을 통해서 어떻게 그 프롤레타리아적 생활 내에서 움직여 보려 하는지를 통찰하지 못한다. 그는 프롤레타리아적으로 **살고 있다**. 그러나 시민 계급처럼 **사고한다**. 새 시대는 새로운 삶으로뿐만 아니라, **새로운 사고로** 들어서기를 필수적으로 요구한다. 전인적인 생활 내용의 형성을 위해서, 낡은 인생관을 나름대로의 방식으로 발달시켰던 그런 타력을 과학적 표상 양식이 그 나름의 방식으

로 발달시켜야만 비로소 삶을 떠받치는 내용이 될 수 있을 것이다.

[15] 이로써, 현대 프롤레타리아 운동 안에 존재하는 지체 중 하나가 지니는 **진정한 형상**을 발견할 수 있는 길이 묘사되었다. 이 길의 끝에 프롤레타리아적 영혼에서 나오는 확신이 울리고 있다. "나는 정신 생활을 절실히 열망한다." 그런데 그 정신 생활이 **이데올로기**일 뿐이다. 외적인 세계 과정이 인간 내부에서 반사되는 것일 뿐, 특정한 정신 세계로부터 흘러나오지는 않는다. 근대로 넘어 오는 과도기에 낡은 정신 생활에서 이루어졌던 것을, 프롤레타리아적 인생관은 이데올로기로 느낀다. 현대의 사회적 요구 속에 전개되는, 프롤레타리아적 영혼에 내재하는 그 정서를 파악하려는 자는, 정신 생활이 이데올로기라는 그 견해가 야기하는 것이 무엇인지를 납득할 위치에 있어야만 한다. 이렇게 대답할 수도 있다. "어느 정도 교육을 받은 지도자들의 머리에서 뒤죽박죽으로 쏟아지는 견해들에 대해 평범한 프롤레타리아들이 무엇을 알겠는가?" 이렇게 말한다면 그 사람은 핵심을 벗어난 것이다. 실제 생활에서도 역시 그는 핵심을 벗어나서 행동한다. 그런 사람은 프롤레타리아의 삶에서 지난 수십 년간 무엇이 일어났는지 모른다. 정신 생활이 이데올로기라는 의견부터, 그런 사람이 그저 ≪무식하다≫고만 여기는 급진적인 사회주의자들의 행동과 요구 사항에 이르기까지, 그리고 삶의 흐릿한 자극에 의해서 ≪혁명을 수행하는≫ 자들의 행동에 이르기까지 어떤 실들이 자아내고 있는지 모르고 있다.

[16] 일반 대중의 영혼 정서를 벗어나서 생활 표면으로 뚫고 올라오는 것을 위한 느낌이 대부분의 세력 범위 내에는 전혀 존재하지 않는다. 인간의 정서 속에서 **실제로 일어나고** 있는 것에 눈길을 돌릴 능력이 없다. 바로 그 사실에, 현재의 사회적 요구를 위한 이해를 덮어 버리고 마는 비극이 존재한다. 프롤레타리아가 아닌 사람은 프롤레타리아의 요구 사항을 가득 찬 두려움으로 들으면서 이런 식으로 받아들인다. "생산 수단의 국유화를 통해서만 나를 위해 인간다운 현존에 이를 수 있다." 그러나 그는, 그의 계급이 구시대에서 근대로 넘어오는 과정에서 프롤레타리아들을 자신의 소유가 아닌 생산 수단에 매달려서 일을 하도록 일깨웠을 뿐만 아니라, 근거가 되는 영혼내용을 그 일과 더불어 그들에게 제시할 능력이 없었다는 그 표상을 전혀 형성할 수 없다. 위에 암시한 방식으로 삶의 핵심을 보지 못하고, 핵심을 벗어나서 행동하는 사람은 이렇게 말할 것이다. "하지만 프롤레타리아 스스로 지배 계급의 것에 맞먹는 생활 상태에 이르기 원한다. 도대체 어떻게 거기에서 영혼내용이 문제가 될 수 있는가?" 그렇다. 프롤레타리아 스스로 이렇게 주장할 수 있다. "내 영혼을 위해서 다른 계급들로부터 아무것도 요구하지 않겠다. 그러나 그들이 나를 더 이상 착취할 수 없기를 바란다. 현재 존속하는 계급 격차가 멈추기를 바란다." 그런데 그런 말들은 사회 문제의 본질을 맞추지 못한다. 사회 문제의 **진정한 형상**을 전혀 드러내지 못한다. 노동하는 민중의 영혼에 내재하는 의식이 지배 계급으로부터 진정한 정신내용을

물려받았다면, 그 정신 생활에서 단지 이데올로기만 인식할 수 있는 현대 프롤레타리아들이 하는 방식과는 완전히 다르게 사회적 요구를 제기할 것이기 때문이다. 현대 프롤레타리아는 정신 생활의 이데올로기적 성격을 확신한다. 그런데 그 확신으로 인해서 더욱더 불행해진다. 그리고 그가 의식적으로 알지 못하지만, 오히려 그래서 더욱 강렬하게 겪는 그 영적인 불행의 작용이 현재의 사회적 상황을 위해서는, 외적인 생활 상태의 개선에 대한, 그 나름대로는 정당한 모든 요구를 그 중요성에서 보아 훨씬 더 능가하고 있다.

[17] 현재 프롤레타리아 계급 내에서 지배 계급에 적대적으로 들어서고 있는 그 생활신조의 발기자가 바로 자신들이라는 사실을 지배 계급은 인식하지 않는다. 그럼에도 불구하고 그들의 정신 생활로부터 이데올로기로 감지될 수밖에 없는 것만 프롤레타리아 계급에 물려줄 수 있었다는 바로 그 사실로 인해서 지배 계급이 그 발기인이 되고 말았다.

[18] 비록 자연스럽게 보인다 하더라도, 한 인간 계급이 생활 상태의 변화를 요구하는 것이 오늘날의 사회 운동을 본질적으로 각인하지는 않는다. 그 계급의 사고-자극에서 나오는, 변화를 위한 요구가 현실에서 **어떻게** 전환되는지 바로 그 양식이 본질적으로 각인한다. 이런 관점으로부터 사실을 그저 한번만 편견 없이 주시해 보라. 이러저러한 정신적인 추구를 통해서 사회 문제의 해결에 기여를 해 보겠다는 말을 하면, 프롤레타리아적 자극의 방향으로 자

I. 사회 문제의 진정한 형상

신의 사고를 고정시키고자 하는 인물들은 비웃고 만다. 그들은 그런 것이 **이데올로기**라고, 회색 이론이라고 하면서 비웃는다. 사고내용으로부터는, 단지 정신 생활로부터만은 오늘날의 급박한 사회 문제에 기여할 수 있는 바가 전혀 없다고 그들은 생각한다. 그러나 좀 더 정확하게 주시해 보면, 사실상의 신경이, 현대에서 특히 프롤레타리아 운동에서 사실상의 근원 자극이 **어떻게** 오늘날 프롤레타리아가 말하는 그것에 존재하지 **않고**, 오히려 **사고내용**에 내재하는지, 바로 그 생각이 뇌리를 떠나지 않는다.

[19] 현대 프롤레타리아 운동은 필시 세상의 어떤 운동과도 완전히 다르게 — 그 운동을 정확하게 들여다보면 이 사실이 아주 명확하게 드러난다. — **사고내용에서** 솟아난 운동이다. 사회 운동에 관해서 고찰하던 중 우연히 떠오른 멋진 문구라도 되어 필자가 이 점을 언급하려는 게 아니다. 개인적인 논평을 덧붙이도록 허락된다면, 실은 이렇다. 필자는 여러 해 동안 노동자 교육 기관에 속하는 여러 지부에서 프롤레타리아적 노동자들을 가르쳤다. 그 일을 하면서 현대 프롤레타리아적 노동자들의 영혼 안에 무엇이 살고 있고, 무엇을 추구하는지 알게 되었다고 생각한다. 그 일을 기점으로 해서 다양한 직업과 직종의 노동조합 내에서 작용하는 것을 추적해 볼 기회도 역시 있었다. 단순히 이론적인 고찰 관점에서만 말하는 것이 아니라고 생각한다. 진정한 인생 경험의 결과로서 획득했다고 믿는 것만 필자는 진술하고 있다.

[20] **노동자들에** 의해서 주도되는 바로 그곳에서 현대 노동 운동에

관해서 알게 된 사람, — 그런데 유감스럽게도 지도적인 지성인들 중에 그런 경우가 거의 없다. — 그 사람은 특정한 사상-**방향**이 많은 사람들의 영혼을 아주 강렬한 방식으로 사로잡는다는 **그 사실이** 얼마나 의미심장한 현상인지 알고 있다. 오늘날 사회적 수수께끼에 대한 입장을 밝히기 어려운 이유는 계급 상호 간의 이해 가능성이 너무 적다는 데에 있다. 오늘날 시민 계급이 프롤레타리아의 영혼으로 자신의 입장을 바꾸기가 너무 어렵다. 인간적인 사고 요구에 최고의 잣대를 들이대는 그런 표상 양식이, 카를 마르크스의 표상 양식 같은 것이 — 각자의 재량에 따라 그 내용에 동의할 수도 있다. — 어떻게 프롤레타리아의 아직 소모되지 않은 신선한 **지능**으로의 입구를 발견할 수 있었는지 시민 계급은 도저히 이해할 수 없다.

[21] 당연히 카를 마르크스의 사고 체계를 어떤 사람은 받아들일 수 있고, 또 어떤 사람은 반박할 수도 있다. 필시 전자와 마찬가지로 후자에게도 역시 겉보기에 그럴 듯한 이유가 있을 것이다. 심지어는 마르크스와 그의 동료 엥겔스의 사후에 그 지도자들과는 다른 관점에서 사회 생활을 고찰했던 이들이 그 내용을 교정할 수도 있었다. 그 체계의 내용에 대해서는 전혀 언급하고 싶지 않다. 현대 프롤레타리아 운동에서 그 내용은 필자에게 별로 중요해 보이지 않는다. 가장 의미심장하게 보이는 **사실**은, 노동 계층 내에 한 가지 사고 체계가 가장 강렬한 자극으로서 작용하고 있다는 점이다. 문제를 바로 이런 방식으로 표현할 수 있다. "인간의 아주아주 일

상적인 요구 사항을 위한 실용적인 운동, 순수한 생활 운동이 이 현대 프롤레타리아 운동처럼 완전히 단독적으로 **순수하게** 사상적인 근거에 세워졌던 적이 전혀 없었다. 게다가 그런 종류로서는 세상에서 최초로 순수하게 과학적인 근거에서 성립된 운동이다." 이 사실을 올바르게 고찰해야만 한다. 현대 프롤레타리아가 자신의 의견과 원함, 느낌에 대해서 의식적으로 말하고자 하는 모든 것을 고찰해 보면, 삶을 철저하게 관찰하는 경우에는 강령에 맞추어서 표현되는 것은 전혀 중요하게 보이지 않는다.

[22] 다른 계급의 경우에는 그들의 영혼 생활 중에서 단지 하나의 지체에만 고정되어 있는 것, 즉 인생관의 **사상적인** 근거가 프롤레타리아의 느낌 속에서는 인간 **전체를** 위해서 결정적으로 되었다는 점, 바로 그 점이 진정으로 중요하다고 보아야만 한다. 그런 식으로 프롤레타리아에 내적인 실재로서 존재하는 것을 그는 의식적으로 고백할 수 없다. 프롤레타리아에게 사고 생활이 이데올로기로서 전해졌다는 그 사실이 그런 고백을 할 수 없도록 만든다. 실제로 사고내용을 근거로 해서 자신의 삶을 축조하지만, 그 사고 내용을 비실재적인 이데올로기로 느낀다. 무엇보다도 바로 **이** 사실이 인류의 새로운 발달 안에서 그 완전한 파급 효과에 따라 투시되어야 프롤레타리아적 인생관과 조직 활동을 통한 구현을 이해할 수 있다.

[23] 앞에서 현대 프롤레타리아의 정신 생활을 설명했던 그 양식에서, 프롤레타리아적 사회 운동의 진정한 형상 묘사 속에 그 정신

생활의 특징이 가장 먼저 드러나야만 한다는 점을 인식할 수 있다. 프롤레타리아가 불만족스러운 사회적 생활 상태의 원인을 감지하고 그것의 제거를 추구함에 있어서, 그 느낌과 추구가 그 정신 생활로부터 방향을 얻는다는 것이 본질적이기 때문이다. 그럼에도 불구하고 현재로서는, 사회 운동의 정신적 저변에 의미심장한 추진력이 존재한다는 의견을 프롤레타리아가 비웃거나 분노하면서 부정할 수밖에 없다. 정신 생활을 이데올로기로밖에 느낄 수 없는데 어떻게 그것이 그를 움직이게 하는 힘을 지닌다고 인정할 수 있겠는가? 프롤레타리아가 그렇게 느끼는 정신 생활에서, 자신이 더 이상 견딜 수 없는 사회 상태를 벗어나기 위한 출구를 찾을 수 있다고는 기대할 수 없다. 과학적인 것에 방향을 맞추는 사고 양식으로 인해 과학 자체뿐만 아니라, 예술·종교·관습·법률 역시 현대 프롤레타리아에게는 인간적인 이데올로기의 구성 요소가 되어 버렸다. 정신 생활의 그 지류들 속에 지배하고 있는 것에서 자신의 현존재로 몰려 들어오는 실재성에 대해, 물질적인 삶에 어떤 것을 부가시킬 수 있는 실재성에 대해 프롤레타리아는 아무 것도 인식하지 않는다. 그에게는 정신 생활의 그 지류들이 단지 반사 형상이나 잔영에 불과하다. 그것들이 생성되었더라면 어쨌든 간에 인간의 표상을 통한 우회로나, 혹은 의지 자극으로의 수용이라는 우회로를 경유해서 물질적 삶에서 다시금 형성하면서 작용할 수도 있었을 것이다. 그럼에도 불구하고 원초적으로는 그것들이 물질적인 삶에서 이데올로기적 형상으로서 떠오른다. 그

이데올로기적 형상들이 그 자체로부터 사회적 난관을 제거할 수 있게끔 하는 것을 제시할 수 없다. 오로지 물질적 사실 자체의 **내부에서만** 목표로 이끄는 것이 생성될 수 있다.

[24] 새로운 정신 생활은 프롤레타리아적 민중의 의식을 위한 힘이 제거된 형태로 인류의 지도적 계급에서 프롤레타리아적 민중으로 전이되었다. 사회 문제를 풀어 갈 답을 가져다줄 수 있는 힘을 생각한다면, 무엇보다도 바로 이 사실을 이해해야만 한다. 이 사실이 계속해서 작용하게 된다면 인류의 정신 생활은 현재와 미래의 사회적 요구에 대해 무기력하게 된다는 결론을 내릴 수밖에 없다. 현대 프롤레타리아 중에서 다수가 사실상 그 무기력에 대한 믿음을 확신하고 있다. 그리고 그 확신이 마르크스주의나 그와 유사한 신조들에서 표현된다. 현대 경제 생활이 그것의 낡은 형태로부터 오늘날의 자본주의적 경제 생활을 발달시켰다고들 말한다. 그 발달이 자본에 직면해서 프롤레타리아를 견디기 힘든 상태에 이르도록 만들었다. 발달은 계속될 것이다. 그 발달이 자본주의 자체 내에서 작용하는 힘으로 자본주의를 멸망시킬 것이고 자본주의의 멸망에서 프롤레타리아 해방이 도래할 것이다. 새로운 사회주의적 사상가들이 이런 식의 확신에서 마르크스주의자들 중 특정 층에 의해서 수용되었던 숙명론적 성격을 제거하였다. 그러나 본질적인 것은 여전히 남아 있다. 현재 정말로 사회주의적으로 생각하려는 사람에게는 이런 말이 떠오르지 **않으리라는** 사실에서 그 점이 표현된다. "시대 자극에서 건져 올린, 정신적 실재에 뿌리박은,

인간을 받쳐 주는 영혼 생활이 어디에선가 보인다면, 그러면 바로 그것에서 역시 사회 운동에 올바른 원동력을 부여하는 힘이 발산할 수 있을 것이다."

²⁵ 오늘날 프롤레타리아적 생활 방식으로 강요된 사람이 현재의 정신 생활을 대하면서 그런 기대를 품을 수 없다는 사실, 바로 그것이 영혼에 기본 정서를 부여한다. 인간 존엄에 대한 느낌을 영혼에 부여하는 힘이 솟아나는 정신 생활을 프롤레타리아가 필요로 한다. 왜냐하면 프롤레타리아가 근대 자본주의적 경제 질서로 얽매여졌던 만큼, 그들이 영혼의 깊은 열망으로 그런 정신 생활을 갈구하게 되었기 때문이다. 허나 지배 계급이 프롤레타리아에게 이데올로기로 물려주었던 그 정신 생활은 그의 영혼을 파내어 비워 버리고 말았다. 현대 프롤레타리아의 요구 사항 안에, 오늘날의 사회 질서가 줄 수 있는 것과는 다른 정신 생활과의 연관성을 향한 갈망이 작용한다는 사실, 바로 그 사실이 오늘날의 사회 운동을 일으키는 힘을 부여한다. 그런데 프롤레타리아가 아닌 사람들도, 프롤레타리아도 그 사실을 파악하지 못한다. 프롤레타리아가 아닌 사람들은 스스로 야기한 현대 정신 생활의 이데올로기적 각인에 시달리지 않기 때문이다. 프롤레타리아 계급이 그것으로 고생하고 있다. 그가 물려받은 정신 생활의 이데올로기적 각인이 그런 것으로서의 정신 자산이 지니는, 떠받치는 힘에 대한 믿음을 탈취하였다. 현재 인류가 처한 사회 상태의 혼란에서 벗어날 수 있는 길의 발견은 그 사실에 대한 올바른 통찰에 달려 있다. 새로

운 경제 형태의 생성 과정에서 지배 계급의 영향하에 생겨난 사회 질서를 통해서는 그런 길로의 문을 열 수 없다. **그 문을 열 수 있는 힘을 획득해야만 할 것이다.**

²⁶ 정신 생활이 이데올로기로서 작용하는 그런 사회적 공생에는, 사회적 유기체의 생존을 가능하도록 만드는 힘 중에 하나가 결여된다는 사실의 무게를 진정으로 느끼도록 배워야, 이 영역에서 오늘날 생각하는 것을 바꿀 수 있을 것이다. 오늘날의 사회적 유기체는 정신 생활의 무기력이라는 병을 앓고 있다. 그리고 그 정신 생활의 무기력에 대한 인정을 혐오하기 때문에 그 병이 더욱 악화될 것이다. 그 사실을 인정함으로써 사회 운동에 적합한 사고를 발달시킬 수 있는 근거를 얻을 수 있을 것이다.

²⁷ 현재로서는 프롤레타리아가 **계급 의식**에 대해서 말하면서 그의 영혼 근본력을 포착할 수 있다고 착각하고 있다. 그러나 진실은, 자본주의적 경제 질서에 얽매인 이래로 프롤레타리아는 자신의 영혼을 떠받쳐 줄 수 있는 정신 생활을, 그에게 **자신의 인간 존엄성에 대한 의식을 부여하는** 그 정신 생활을 찾고 있다는 것, 그리고 이데올로기로 느끼는 정신 생활이 그 의식을 발달시킬 수 없다는 것이다. 프롤레타리아가 **그** 의식을 찾았다. 그리고 그가 발견할 수 없었던 것을 경제 생활에서 생겨난 **계급 의식으로** 대체하였다.

²⁸ 흡사 강렬한 계시라도 받은 듯 그의 시각은 오로지 경제 생활만 바라보도록 이끌어졌다. 그래서 이제는 다른 곳에, 정신적인

것이나 영적인 것에 사회 운동의 영역에서 필수적으로 들어서야 할 동인이 존재할 수 있다고 더 이상 믿지 않는다. 비정신적이고, 비영적인 경제 생활의 발달을 통해서만 **그가** 인간 존엄적이라 느끼는 **그** 상태가 생겨날 수 있다고 유일하게 믿고 있다. 그래서 프롤레타리아는 자신의 구원을 오로지 경제 생활의 개혁에서만 찾도록 몰아대어졌다. 사적 기업과 개별적 고용주의 이기주의, 그리고 피고용인 내에 존재하는 인간 존엄성에 대한 권리 요구를 정당화시키지 못하는 개별적 고용주의 무능에 기인하는 모든 손상이 오로지 경제 생활의 개혁을 통해서만 사라질 것이라는 생각으로 프롤레타리아가 몰아대어졌다. 그렇게 현대 프롤레타리아는 사회적 유기체의 유일한 구제가 생산 수단의 모든 사적 소유를 **공동체적 기업**으로, 심지어는 **공동체적 자산**으로 전환해야 한다는 시각을 지니게 되었다. 모든 정신적, 영적인 것을 도외시하고 **오로지** 순수하게 경제적인 과정으로만 시각을 향하도록 함으로써 그런 의견이 생겨났다.

[29] 그로 인해서, 현대 프롤레타리아 운동에 내재하는 모순적인 모든 것이 들어서게 되었다. 현대 프롤레타리아는 최종적으로 완벽한 인간 권리를 그에게 줄 모든 것이 경제에서, 경제 생활 자체에서 발달되어야 한다고 믿는다. 바로 그 완벽한 인간 권리를 위해서 그는 투쟁한다. 그렇지만 그의 추구 내부에 이미, 오직 경제 생활 자체만의 결과로서는 절대로 등장할 수 없는 것이 등장한다. 그것은 강렬한 언어로 표현되는 의미심장한 사실이다. 사회 문제

의 다양한 형성 바로 그 중심에 현대 인류 생활의 불가피성에서 나온 어떤 것이 존재한다는 점이다. 사람들은 그 어떤 것이 경제 생활 자체에서 생겨난다고 믿고 있지만, 결코 **유일하게** 경제 생활로부터만 그것이 솟아날 수 없으며, 오히려 고대 노예 제도에서 봉건 시대의 농노 제도를 거쳐서 현대 프롤레타리아적 노동자에 이르는 직선적 발달선상에 존재한다. 현대 생활을 위해서 상품 순환, 통화 유통, 자본 조직, 소유, 토지와 부동산 제도 등등이 형성되었듯이, 그렇게 분명하게 말해지지 않는 어떤 것이, 프롤레타리아가 역시 의식적으로 느끼지는 못한다 하더라도, 그가 지니는 사회적 의지의 실제적인 근본 자극이 되는 어떤 것이 현대 생활 **내부에** 형성되었다. 그것은 바로 이렇다. "현대 자본주의적 경제 질서는 그 영역 내부에 근본적으로 보아 오로지 상품만 알고 있다. 자본주의는 경제적 유기체 내에서 상품의 가치 형성만 알고 있다. 그리고 근대 자본주의적 유기체 내에서 프롤레타리아가 오늘날 '그것은 상품이 **되어서는 안 된다.**'라고 느끼는 것이 **상품**이 되고 말았다."

[30] 전반적인 현대 프롤레타리아적 사회 운동의 근본 자극 중에 하나로서, 시장에서 상품을 팔듯이 자신의 노동력을 고용주에게 팔아야만 한다는 것에 대한 혐오감이, 수요와 공급을 따르는 시장의 상품처럼 자신의 노동력이 노동 시장에서 수요와 공급에 따라서 그 역할을 한다는 사실에 대한 혐오감이 그들의 본능 속에, 잠재 의식적인 느낌 속에 얼마나 강하게 살고 있는지를 한번만이라도

일별할 수 있다면, 노동력이라는 상품에 대한 그 혐오감이 현대 사회 운동에서 어떤 의미가 있는지를 알 수만 있다면, 사회주의적 이론에서 비록 충분히 과격하고 집요하게 표현되지는 않더라도 거기에 작용하고 있는 것을 완전히 자유로운 시각으로 바라볼 수만 있다면, **그러면** 첫 번째 자극에, 즉 이데올로기적으로 느끼는 정신 생활에 더하여 두 번째를 발견할 수 있다. 그 두 번째 자극이 오늘날의 사회 문제를 압박하면서 몰아대고 격렬하게 타오르도록 만든다고 말하지 않을 수 없다.

[31] 고대에는 노예가 있었다. 인간 **자체가** 상품처럼 팔렸다. 조금 적어지기는 했지만 그래도 인간 존재의 한 부분이 농노제를 통해서 경제 과정으로 편입되었다. 자본주의는 인간 존재의 나머지에 상품적 성격을 들러 붙이는 권력이 되었다. 바로 노동력이다. 이 사실이 아직도 주목되지 않고 있다는 말을 하려는 게 아니다. 반대로 오늘날의 사회 생활에서는 이 점을 근본적인 사실로 느끼고 있다. 현대 사회 운동 내에서 중대한 작용을 하는 것으로서 이 사실이 감지되고 있다. 이 사실을 고찰하면서 시각을 전적으로 경제 생활에 맞춘다. 상품적 성격에 대한 문제를 그저 경제 문제로만 만든다. 노동력을 사회적 유기체로 편입하면서 프롤레타리아가 더 이상 비인간적이라 느끼지 않는 상태를 가져올 수 있는 힘이 경제 생활 자체에서 나와야 한다고 사람들은 믿는다. 인류의 근대 역사 발달 과정에서 현대 경제 형태가 어떻게 성장했는지를 본다. 그 경제 형태가 인간 노동력에 상품적 성격을 새겨 넣었다는 점

역시 알고 있다. 그런데 경제 생활에 편입되는 모든 것은 상품이 **될 수밖에 없다는** 그 사실이 경제 생활 자체 내에 어떻게 놓여 있는지는 보지 않는다. 상품의 생산과 실용적인 소비에 경제 생활이 존재한다. 인간 노동력을 경제 과정에서 분리시킬 가능성을 찾아내지 않는다면, 그것에서 상품의 성격을 벗겨낼 수가 없다. 경제 과정을 재형성해서 그 과정 **내에서** 인간 노동력이 그에 정당한 권리를 얻게끔 할 수는 없다. 어떻게 노동력을 경제 과정에서 분리해 내어서, 그것에서 상품적 성격을 덜어 내는 사회적인 힘에 의해 규정되도록 하는가? 바로 이것이 추구되어야만 한다. 프롤레타리아는 자신의 노동력이 적절한 위치를 차지할 수 있는 경제 생활 상태를 갈망한다. 그렇게 갈망하는 이유는, 자신의 노동력이 지니는 상품적 성격이 본질적으로 보아서 경제 과정에 완전히 얽매여 있는 자신의 상태에 기인한다는 사실을 보지 않기 때문이다. 자신의 노동력을 그 과정에 완전히 양도해야만 하기 때문에 그 과정 안에서 자신의 전체 인간으로 몰두한다. 노동력의 조정을 그 내부에 둘 수 있는 한 경제 생활은 그 자체적인 성격으로 인해, 마치 상품이 소비되듯이 바로 그렇게 노동력을 적절한 방식으로 이용하기를 추구한다. 현대 경제 생활의 힘에 마취나 된 듯 사람들은 오로지 그 내부에서 작용할 수 있는 것만 주시한다. 어떻게 노동력이 더 이상 상품이 될 필요가 없는지를 그 시각으로는 절대로 발견할 수 없을 것이다. 다른 경제 형태는 단지 다른 방식으로 노동력을 다시금 상품으로 만들 것이기 때문이다. 경제 생활 내에서는 그 영향권이 인간 노동력으로까지 확장되지 않아야 할 이해관계를 통해서 규정되는 법칙에 따라 상품 생산, 상품 유통, 상품 소비가 이루어진다는 사실을 인식하지 않는 한, 노동 문제를 그 진정한 형상에서 사회 문제의 한 부분으로 만들 수 없다.

[32] 한편으로는 노동력으로서 인간에 결부된 것이 경제 생활에 어떻게 편입되는지, 다른 한편으로는 생산부터 소비에 이르기까지 상품이 흘러가는 그 길에서 원천적으로 보아 인간과 무관한 것이 어떻게 움직이는지, 완전히 상이한 이 두 양식을 구분할 수 있도록 근대의 사고가 배우지 못했다. 한편으로는 이 방향으로 가는 건강한 사고 양식을 통해서 노동 문제의 진정한 형상이 드러난다면, 다른 한편으로는 그 사고 양식을 통해서 건강한 사회적 유기체에서 경제 생활이 어떤 위치에 있어야 할지도 역시 분명해질 것이다.

[33] 여기에서 이미 ≪사회 문제≫가 세 가지 특이한 문제로 나누어짐을 알 수 있다. 첫 번째를 통해서는 사회적 유기체 내부에서 정신 생활의 건강한 형성이 암시된다. 두 번째를 통해서 공동체 생활로 올바르게 편입되는 노동 관계를 고찰할 수 있다. 그리고 세 번째로는 그 공동체 생활에서 경제 생활이 어떻게 작용해야 하는지를 밝힌다.

Ⅱ. 사회 문제와 공동체적 필수성을 위해 생활이 요구하는 현실적인 해결 방안

⁰¹ 현대 들어서 사회 문제를 그 기이한 형상으로 이끌어 갔던 특성적인 것을 실로 **이렇게** 표현할 수 있다. 기술에 의해 지지되는 경제 생활, 현대 자본주의, 그것들이 일종의 자연 법칙 같은 자명함으로 작용하면서 현대 사회에 특정한 내적인 질서를 가져다주었다. 기술과 자본주의가 수반한 것에 인간이 몰두하게 만드는 동시에, 사회적 유기체의 다른 영역, 다른 부문을 위한 주의는 딴 쪽으로 돌려졌다. 사회 유기체가 건강해야 한다면 그 다른 영역들에도 역시 인간이 의식적으로 올바른 영향력을 할애해야만 한다.

⁰² 사회 문제에 관한 **포괄적이고 전반적인** 관찰로 몰아대는 바로 그 자극으로서 여기에 성격화해야 할 것을 명확하게 보여 주기 위해 필자는 하나의 비교에서 출발할 수 있다고 여긴다. 그러나 이 비교가 그저 비교에 불과하다는 점을 반드시 숙지해야 한다. 이런

비교는, 인간적 이해가 사회적 유기체의 회복에 관한 표상을 만들어 내기 위해서 필수적인 그 방향에 이르도록 도와준다. 가장 복잡하고 자연스러운 유기체를, 즉 인간 유기체를 여기서 언급되는 관점에서 고찰하는 사람은, 인간 유기체의 전반적인 존재가 서로 간에 영향을 미치는 세 가지 체계로 드러나며, 그 체계들이 각기의 독립성을 지니고 작용한다는 점을 주목하게 된다. 상호 간에 작용하는 그 세 가지 체계들을 다음과 같은 방식으로 성격화할 수 있다. 인간의 자연적인 유기체 내에서 그 체계의 한 영역으로서 작용하는 것이 **신경 생활**과 **감각 생활**을 내포한다. 인간 유기체에서 가장 중요한 지체인 머리에 신경 생활과 감각 생활이 어느 정도까지는 집중되어 있으므로 그것을 **머리-유기체**라 부를 수 있다.

[03] 인간 조직에 대한 올바른 이해를 얻고자 한다면, 리듬 체계라 명명할 수 있는 것을 인간 조직의 두 번째 지체로서 인정해야 한다. 그것은 **호흡-혈액 순환**이다. 즉 인간 유기체의 **리듬 과정**에서 표현되는 모든 것으로 이루어진다.

[04] 세 번째 체계로는 **그 활동과 기관으로서** 사실상의 신진대사에 연결된 모든 것을 인정해야 한다.

[05] 이 세 체계가 상호 간에 조직되어 있다면, 인간 유기체의 전체 과정을 건강하게 유지할 수 있는 모든 것이 그 안에 존재한다.*

[06] 『영혼의 수수께끼에 관해』라는 필자의 책에서, 이미 오늘날의 자연 과학적 연구가 말할 수 있는 모든 것과 완전히 일치하면서, 인간의 자연적 유기체의 삼지성을 적어도 일단은 윤곽적으로나마

성격화해 보려고 하였다. 생물학, 생리학 등 전체 자연 과학이 곧 다가올 장래에 인간과 관련해서 인간 유기체를 그렇게 고찰하는 방향으로 나아가리라 필자는 확신하는 바이다. 인간 유기체에 하나의 절대적인 집중이 존재하지 **않고**, 세 가지 체계들이 제각기 하나의 고유한, 외부 세계에 대해 독립적으로 존재하는 관계를 지님으로써, 세 가지 지체가 — 머리 체계, 순환 체계 혹은 가슴 체계, 신진대사 체계 — 일정한 독립성 속에 작용함으로써 어떻게 인간 유기체 내부의 전체 과정을 유지하는지 조망하였다. 머리 체계는 감각을 통해서, 순환 체계 혹은 리듬 체계는 호흡을 통해서, 그리고 신진대사 체계는 영양 섭취 기관과 운동 기관을 통해서.

[07] 자연 과학적 방법론에 있어서는 사람들이 그렇게 완전히 진일보한 상태에 있지 않기 때문에, 필자가 여기서 암시하는 것, 즉 정신 과학적 저변으로부터 이끌어 내어 자연 과학을 위해 필자가 이용하려는 것을, 자연 과학적 영역 자체 내에서는 아직도 인식 진보를 위해 바람직해 보이는 정도까지 일반적으로 인정하지 못하고 있다. 그런데 그것이 의미하는 바는 이렇다. 세계를 표상하는 전반적인 양식이, 즉 우리의 사고습관이 예를 들어서 인간 유기체

---

* 여기에서 의미하는 지체는 공간적으로 경계지을 수 있는 그런 신체 지체가 아니라 유기체의 활동(기능)에 따른 것이다. 머리에 우선은 신경-감각 생활이 집중되어 있다는 점을 알고 있어야 ≪머리 유기체≫를 다룰 수 있다. 다른 신체 지체에도 신경-감각 활동이 존재하듯이, 머리에도 당연히 리듬 활동과 신진대사 활동이 존재한다. 그럼에도 불구하고 활동의 세 가지 양식이 **그 본성에 따라** 상호 간에 엄격하게 분리되어 있다.

Ⅱ. 생활이 요구하는 현실적인 해결 방안

내에서 자연 작용의 내적인 본성으로 드러나는 것에 아직은 완전히 적합하지 않다. 이제 혹자는 필시 이렇게 말할 수 있다. "그래, 그렇다면 자연 과학이 기다릴 수도 있다. 자연 과학은 차츰차츰 이상적인 것을 향해 나아갈 것이고, 그런 고찰 방식을 자신의 것이라 인정할 수 있는 그 지점에 언젠가는 도달할 것이다." 하지만 고찰 중에서도 특히나 사회적 유기체의 작용과 관련해서는 기다릴 수 없다. 그 문제에 이르면 단지 몇몇 전문가들의 경우에서뿐만 아니라, 각기의 인간 영혼 내부에 ─ 각기의 인간 영혼이 사회적 유기체를 위한 작용에 참여하기 때문에 ─ 사회적 유기체를 위한 불가피한 사항에 대해서 적어도 본능적인 인식이 존재해야만 한다. 사회적 유기체가 건강해야 한다면 자연적 유기체와 마찬가지로 그것도 삼지적이어야만 한다는 점을 비록 다소간에 단순히 본능적이라 할지라도 분명히 알고 있어야만, 사회적 유기체의 형성과 관련해서 건강한 사고와 감각, 건강한 의지와 욕구가 발달될 수 있다.

[08] **셰플레**가 자신의 책에서 사회적 유기체의 구조에 관해 서술한 이래로, 자연 존재의 조직과 ─ 여기서는 인간 조직이라고 하자. ─ 그런 것으로서의 인간 사회 간에 존재하는 유사점을 찾으려는 노력이 있어 왔다. 사회적 유기체에서 세포가 무엇인지, 세포 조직이 무엇인지, 세포 구성이 무엇인지 등등을 규정하려고 했다! 바로 얼마 전에 **머레이**의 『세계 돌연변이』라는 책이 출간되었다. 그 책에서는 특정한 자연 과학적 사실과 자연 과학적 법칙을 항상

그렇듯이 인간의 사회적 유기체에 그저 단순하게 적용하였을 뿐이다. 이 장에서 말하고자 하는 그런 모든 것들과, 그런 모든 유추 해석 놀이들과 절대로 아무 상관이 없다. 이 고찰에서도 역시 자연적 유기체와 사회적 유기체 간의 그런 유추 해석적인 놀이를 한다고 여기는 사람은, 그렇게 함으로써 자신이 여기에서 의도하고 있는 정신으로 투철하게 파고들지 않았다는 점만 증명할 뿐이다. 여기에서는 자연 과학적 사실에 들어맞는 어떤 진실도 사회적 유기체로 이식하려고 추구하지 않기 때문이다. 오히려 완전히 다른 것을 추구하고 있다. 즉 자연적인 유기체의 고찰에서 삶의 가능성을 인간의 사고가, 인간의 감각이 느낄 수 있도록 배우고, 그 다음에 그 느낌의 방식을 사회적 유기체에 적용하기를 추구한다. 자연적 유기체에서 배웠다고 믿는 것을 흔히 하듯이 단순하게 사회적 유기체에 적용한다면, 그렇게 함으로써, 자연적 유기체를 이해하기 위해서 반드시 필요한 것과 마찬가지로 사회적 유기체 역시 그것 자체의 법칙에 따라 그 자체로서 독립적으로 고찰하고 연구하려는 능력을 얻으려 하지 않는다는 사실만 보여 준다. 자연 과학자가 자연적 유기체를 마주 대하듯이, 사회적 유기체 자체의 법칙을 감지하기 위해서 사회적 유기체를 그 독립성에 따라 진정 객관적으로 대상화하는 순간에, 바로 그 순간에 고찰의 진지함을 대면해서 모든 유추 해석 놀이가 멈추게 된다.

[09] 여기에 제시된 상술의 저변에 자연 과학을 모사한 회색 이론에 따라 사회적 유기체가 ≪구축되어야≫ 한다는 믿음이 깔려 있

Ⅱ. 생활이 요구하는 현실적인 해결 방안 71

다고도 역시 생각할 수 있다. 그러나 그런 생각은 여기에서 언급되는 것과는 상상 이상으로 거리가 멀다. 완전히 다른 것이 암시되어야 한다. 일정한 **느낌이 각각의 개별적인 인간 내부에** 생기도록, 사칙연산을 가르치듯이 교육 제도와 학교 제도가 그 느낌에 대한 자극을 주도록 오늘날의 역사적 인류 위기가 요구하고 있다. 지금까지 인간의 영혼 생활에 의식적으로 수용되지 않은 상태에서 사회적 유기체의 낡은 형태가 만들어 낸 것, 그것이 미래에는 더 이상 작용하지 않을 것이다. 오래 전부터 일정한 학교 교육이 요구되어 온 것과 마찬가지로, 각기의 인간이 암시된 그 느낌을 요구하리라는 점이 지금부터 새롭게 인간 생활에 들어서고자 하는 발달 자극들에 속한다. 사회적 유기체의 힘들이 어떻게 작용해야 그 유기체가 생존 능력이 있는 것으로 드러나는지를 건강하게 느끼도록 배우기, 바로 그것을 지금부터는 사람들이 요구할 것이다. 그런 느낌이 **없이** 사회적 유기체에 발을 디디려 한다면, 바로 그 자체가 반사회적이고 건강하지 않다는 느낌을 습득해야만 할 것이다.

[10] 오늘날에는 《사회화》가 시대에 필수적이라는 말을 들을 수 있다. 그런 사회화는 어떤 치유 과정도 되지 못할 것이며, 오히려 사회적 유기체를 위해서는 무면허 의사의 치료가 될 것이다. 적어도 인간의 가슴에, 인간의 영혼에 **사회적 유기체의 삼지성**이 지니는 필수성에 대한 **본능적인** 인식이 들어서지 않는다면, 필시 그런 사회화는 심지어 파괴 과정이 될 것이다. 사회적 유기체가 건강하

게 작용해야 한다면, 그 세 가지 지체들이 법칙적으로 양성되어야 한다.

[11] 그 지체들 중에 하나가 경제 생활이다. 경제 생활이 아주 분명하게 모든 나머지 생활을 지배하면서 현대 기술과 현대 자본주의에 의해서 인간 사회 내부에 구축되었기 때문에, 여기에서 경제 생활의 고찰로 시작하고자 한다. 경제 생활은 사회적 유기체 내에서 그 자체로서 독립적인 지체여야만 하며, 신경-감각 체계가 인간 유기체 내에서 상대적으로 독립적이듯이 그렇게 상대적으로 독립적이어야만 한다. 경제 생활은 상품 생산, 상품 유통, 상품 소비에 대한 모든 것과 관계한다.

[12] 사회적 유기체의 **두 번째 지체**로서 공공 권리·법률 생활, 사실상의 정치 생활이 고찰될 수 있다. 구시대적 법치국가의 의미에서 실제상의 국가 생활로서 특징지을 수 있는 것이 정치 생활에 속한다. 자연에서 그리고 자신의 생산에서 인간이 필요로 하는 모든 것과, 즉 상품 생산, 상품 유통, 상품 소비와 경제 생활이 관여하는 반면에, 사회적 유기체의 이 두 번째 지체는 순수하게 인간적인 저변에서 나오는, 인간과 인간이 지니는 관계에 대한 모든 것과 연관된다. 오로지 인간적 저변에서 나오는, 인간의 인간에 대한 관계에만 연관되는 공공 권리·법률 체계와, **오로지** 상품 생산, 상품 유통, 상품 소비**에만** 관계하는 경제 체계 사이에 존재하는 차이를 안다는 것은 사회적 유기체의 지체를 인식하기 위해서 본질적이다. 이 점을 생활에서 느끼면서 구분해야만 하며, 그 느

낌의 결과로서, 인간의 자연적 유기체 내부에서 폐의 활동이 외부 공기를 처리하기 위해서 신경-감각 활동에서 일어나는 과정으로부터 구분되듯이, 경제 생활이 권리·법률 생활로부터 구분된다.

[13] 이 양 지체와 더불어 마찬가지로 독립적으로 자리 잡아야만 하는 세 번째 지체로서 정신 생활에 관한 것을 파악할 수 있다. 아마도 사회적 유기체에서 ≪정신문화≫라는 표현이나, 정신 생활에 관한 모든 것이 전혀 명확하지 않기 때문에 좀 더 명확히 이렇게 말할 수 있다. "각각의 인간 개인이 지니는 자연적 재능에 근거하는 모든 것, 각각의 인간 개인이 지니는 신체적일 뿐만 아니라 정신적인 자연적 재능의 근거에서 사회적 유기체 내부로 들어가야만 하는 모든 것이 정신 생활이다." 첫 번째 체계인 경제 체계는, 인간이 외부 세계에 대해서 지니는 물질적인 관계를 조절할 수 있도록 하기 위해서 존재해야만 하는 모든 것과 관계한다. 두 번째 체계는 인간의 인간에 대한 관계를 위해서 사회적 유기체 내부에 존재해야 하는 것과 관계한다. 세 번째 체계는 각각의 인간 개인성으로부터 솟아나서 사회적 유기체 내부로 편입되어야 하는 모든 것과 관계한다.

[14] 현대 기술과 현대 자본주의가 실제로 현대에 들어서야 우리의 사회 생활을 각인했던 것이 진실이듯이, 그 측면에서 인간 사회에 불가피하게 가해졌던 그 상처를, 인간과 **인간적 공동체 생활**이 사회적 유기체의 삼지체에 대해 올바른 관계를 지니도록 함으로써 회복시키는 일 역시 필수적이다. 현대 경제 생활은 근대 들어 단

순히 그 자체를 통해서 아주 특정한 형태를 띠게 되었다. 일방적으로 영향을 미치면서 아주 강력하게 인간 생활에 자리 잡았다. 사회 생활의 두 가지 다른 지체들은 지금까지도 그렇게 자명하게 그 자체의 법칙성에 따라 올바른 방식으로 사회적 유기체로 편입될 수 있는 상태에 있지 않다. 그 양 지체를 위해서는 필수적으로 인간이 위에 암시된 느낌을 가지고 사회적 지체화를 시작해야만 한다. 각자가 자신의 자리에서, 자신이 위치한 바로 그 자리에서. 사회 문제에 대해 여기에 의도되는 해결 방안의 의미에서는 모든 개별적 인간이 오늘과 미래에 대한 자신의 사회적 과제를 지니기 때문이다.

[15] 사회적 유기체의 첫 번째 지체에 해당하는 경제 생활은 우선 자연적 근거를 토대로 삼는다. 각각의 인간이 배움을 통해서, 교육을 통해서, 삶을 통해서 도달할 수 있는 것을 고려할 경우에 그의 정신적, 신체적 유기체의 재능이 토대가 되는 것과 마찬가지다. 자연적 근거가 그야말로 경제 생활을 그리고 역시 사회적 유기체 전체를 각인한다. 그런데 자연적 근거는 거기에 그렇게 존재하고 있다. 어떤 사회적 조직을 통해서도, 어떤 사회화를 통해서도 그것의 원초적 형태를 만들어 낼 수 없이 자연적 근거는 이미 그렇게 존재하고 있다. 인간의 교육을 위해서는 다양한 분야에서 한 인간이 지니는 재능을, 자연적·신체적 능력을 근거로 삼을 수밖에 없다. 그렇게 사회적 유기체의 삶에서는 자연적 근거를 토대로 삼을 수밖에 없다. 인간적 공생에 경제적인 형상을 부여하기

위한 모든 시도에서, 모든 사회화에서 그 자연적 근거를 고려해야만 한다. 모든 상품 유통과 모든 인간 노동, 그리고 모든 정신 생활의 근저에는 인간을 특정한 부분의 자연에 얽어매는 것이 최초의 기본적인 원천으로서 존재하기 때문이다. 개별적인 인간의 배움을 고려하는 경우에 그가 지닌 재능에 대한 관계를 생각해야만 하듯이, 그렇게 사회적 유기체가 지니는 자연적 근거에 대한 관계를 생각해야만 한다. 아주 극단적인 경우에서 그 사실을 분명히 할 수 있다. 예를 들어서 바나나가 사람들에게 가장 흔한 식품이 되는 지구상의 어떤 지역에서 인간적 공생을 위해서 고려되는 노동, 즉 바나나를 소비물로 만들기 위해서 그 원산지로부터 소비 목적지에 이르기까지 소모되어야만 하는 것을 노동이라는 측면에서 고찰해 보기만 하면 된다. 인간 사회를 위해서 **바나나**를 소비 상품으로 만드는 데에 소모되는 인간 노동을, 예를 들어서 우리가 사는 지역인 중부 유럽에서 밀을 소비 상품으로 만드는 데에 소모되는 노동과 비교해 보면, 바나나를 생산하기 위해 반드시 필요한 노동의 양이 밀의 경우보다 300배나 적게 계산된다.

[16] 이는 물론 극단적인 경우다. 그러나 자연적 근거와 관련해서 반드시 필요한 노동량을 고려해 보면 그런 차이들이 유럽의 한 사회적 유기체 내에서 대표적인 생산 분야에도 역시 존재한다. 물론 바나나와 밀의 경우에서처럼 그렇게 극단적인 차이는 아니더라도 역시 차이는 존재하고 있다. 그런 식으로 인간이 경제 과정으로 들어가야 하는 노동력의 양은 경제 운용의 자연적 근거에 대한 인간의

관계를 통해서 전제된다는 점이 경제 조직 내에 이미 확정되어 있다. 한 예를 비교해 보기만 하면 된다. **독일**에서 밀 재배지의 연평균 수확량은 파종한 것의 대략 **7~8배**가 된다. **칠레**에서는 파종한 것의 **12배**를 거두어들이며, **북 멕시코**에서는 **17배**를, **페루**에서는 **20배**를 수확한다.(옌치의 『국민 경제론』, 64쪽을 참조하라.)

[17] 자연에 대한 인간의 관계에서 시작하는 과정들 속에, 자연 생산물을 변화시켜서 소비 상품으로 만들기까지 인간이 관여하는 모든 것 내의 연속되는 과정들 속에 전체적으로 밀접하게 결합되어 있는 양식이 진행된다. 그 모든 과정들만, 그리고 건강한 사회적 유기체를 위해서는 오로지 그 과정들만 경제 지체에 포함된다. 개인적인 재능을 조건짓는 머리 체계가 인간의 전체 유기체 내에 존재하듯이, 경제 지체는 사회적 유기체의 내부에 존재한다. 그러나 머리 체계가 심장-폐 체계에 의존적이듯이 경제 체계도 인간의 노동 성과에 의존한다. 그런데 머리가 독립적으로 호흡을 조절할 수 없는 것과 마찬가지로 경제 생활 내부에서 작용하는 힘으로 노동 체계를 조절해서는 안 된다.

[18] 인간은 자신의 이해관계를 통해서 경제 생활에 존재한다. 그 이해관계는 인간의 영적·정신적 욕구에 근거한다. 각각의 인간이 사회적 유기체를 통해서 가능한 최상의 방식으로 자신의 이해관계를 충족시킬 수 있고, 역시 가장 유리한 방식으로 경제에 참여할 수 있도록 사회적 유기체 내에서 그 이해관계에 얼마나 합목적적으로 부합할 수 있는지? 바로 이 문제를, 경제 체제의 제도 내

에서 실질적으로 해결해야만 한다. 이해관계가 진정으로 자유로이 정당화될 수 있도록 하고, 그것을 충족시키기 위해 필요한 것을 할 수 있는 의지와 가능성 역시 생성되도록 함으로써만 그것이 가능하다. 이해관계의 생성은 경제 생활이 한계를 짓는 그 범위 밖에 놓여 있다. 그것은 영적이고 자연적인 인간 본성의 계발과 더불어 형성된다. 그 이해관계를 충족시킬 수 있는 제도의 존재, 그것이 경제 생활의 과제다. 그 제도는 다른 아무것도 아니고, 오로지 상품의 생산과 교환에만 관계할 뿐이다. 상품은 그것을 소비하는 이들에 의해서 가치를 얻는다. 달리 말하자면 인간의 욕구를 통해서 그 가치를 얻는 상품의 생산과 교환에만 관계할 뿐이라는 것이다. 상품이 소비자를 통해서 가치를 얻음으로 해서, 사회적 유기체의 구성원으로서의 인간을 위해서 가치를 지니는 다른 것에 비교해서 그것이 그 유기체 내부에서 완전히 다른 양식으로 존재한다. 편견 없이 경제 생활을 고찰해야 한다. 경제 생활의 범주 내에는 상품 생산, 상품 교환, 상품 소비만 포함된다. 타인을 위해서 상품을 생산할 때에 인간이 인간에 대해서 지니는 관계와, 권리·법률 관계에 근거해야만 하는 관계, 이 양자 사이에 존재하는 **본질적인** 차이를 **그저** 고찰만 해서는 알아챌 수 없을 것이다. 그 고찰을 떠나서, 사회적 유기체 내부에서는 권리·법률 생활이 경제 생활로부터 완전히 분리되어야만 한다는 실질적인 요구에 이르게 될 것이다. 상품의 생산과 교환에 쓸모 있는 조직 내에서 인간이 발달시켜야만 하는 활동에서는, 사람들 간에 존재해야만 하는 법률적 관계를 위해서 가능한 최상의 자극이 직접적으로 생길 수 없다. 경제 조직 내부에서는 한 인간이 타인의 이해관계에 헌신하기 때문에 인간이 인간에 의존적이다. 그러나 그에 비해서 권리·법률 생활에서 한 인간이 타인에 대해 지니는 관계는 완전히 다르다.

[19] 이제 사람들이 믿기를, 하나의 경제 생활에 자리 잡은 사람들 상호 간의 관계 내에 존재해야만 하는 권리가 그 경제 생활에 속하는 조직 내에서 배려된다면, 생활이 요구하는 그 구분이 충분하게 이루어질 것이라고 여긴다. 그러나 그런 믿음은 생활의 실재성에 뿌리를 박고 있지 않다. 한 인간과 다른 인간 사이에 존재해야만 하는 권리·법률 관계를 인간이 올바르게 체험할 수 있는 곳은 경제 영역에서가 **아니라**, 경제 영역으로부터 완전히 분리된 근거에서일 뿐이다. 그렇기 때문에 건강한 사회적 유기체에서는 경제 생활과 **나란히** 하나의 생활이 독립적으로 전개되어야 하며, 그 생활 내에서 인간 간에 존재하는 권리·법률이 생성되고 관리된다. 그 권리·법률 생활이 바로 사실상의 정치적 영역, 즉 국가다. 사람들이 그들의 경제 생활에 이바지해야 할 이해관계를 법치국가의 관리와 법률 제정에 도입한다면, 그렇게 생겨나는 법률은 단지 그 경제적 이해관계의 표현이 될 뿐이다. 법치국가 스스로가 경제 주체가 되면, 그것은 인간의 권리·법률 생활을 조정할 능력을 잃고 만다. 왜냐하면 그런 국가의 조처와 제도가 결국은 상품을 향한 인간적 욕구에 이바지할 수밖에 없기 때문이다. 그래서 그런

조처와 제도는 권리·법률 생활을 지향하는 자극에서 멀어지기 마련이다.

[20] 건강한 사회적 유기체는 경제 체제와 나란히 두 번째 지체로서 독립적, 정치적인 국가 생활을 요구한다. 독립적인 경제 체제에서는 경제 생활의 힘을 통해서 가능한 한 최상의 방식으로 사람들이 상품의 생산과 유통에 이바지하는 제도에 이른다. 정치적 국가 체제에서는 인간 간의, 그리고 인간 집단 간의 상호 관계가 인간의 권리·법률 의식에 부합하는 방식으로 방향을 정하는 제도가 생성된다.

[21] 법치국가를 경제 영역으로부터 완전히 분리해야 한다는 요구가 나오는 여기의 관점은 **실재의** 인간 생활에 내재하는 요소다. 권리·법률 생활과 경제 생활을 서로 연결하려는 사람은 그런 관점을 받아들이지 않는다. 경제 생활 내에 살고 있는 사람들은 당연히 권리·법률 의식을 지니고 있다. 그러나 그 사람들이 경제 생활 자체에는 전혀 관여하지 않는 법치국가에서 판단을 내려야 한다면, 경제적 이해관계에서가 아니라 **오로지** 권리·법률 의식에서만, 권리·법률의 의미에서만 법률 제정과 관리를 처리할 것이다. 그런 법치국가는 자체적인 법률 제정 체제와 관리 체제를 지니며, 이 양자는 새 시대의 권리·법률 의식에서 나오는 근본 원칙에 따라 형성된다. 그런 법치국가는 인류의 의식 속에서 오늘날 민주주의라 불리는 그 자극을 근거로 형성된다. 경제 영역은 그 자체의 법률 제정과 관리 체제를 경제 생활의 자극으로부터 형성한다. 법

치 체제와 경제 체제 **지도자들** 간의 필수적인 교류는 오늘날 독립적인 주권 국가의 정부 간에 이루어지는 것과 유사하게 실행된다. 이런 지체화를 통해서 하나의 체제 속에 전개되는 것이 다른 것에서 생성되는 것에 필수적인 작용을 할 수 있게 된다. 실은 다른 영역에서 도입해야 할 것을 하나의 영역이 그 자체 내부에서 발달시키고자 하기 때문에 그런 작용이 억제되는 것이다.

[22] 한편으로는 경제 생활이 자연적 근거라는 조건(기후, 한 지역의 지리적 특성, 지하자원의 존재 여부 등등)에 지배되듯이, 다른 한편으로는 경제 활동을 하는 사람들과 경제 집단 간에 국가가 만드는 권리·법률 관계에 의존한다. 이로써 경제 생활의 활동이 포괄할 수 있고, 포괄해야 할 것의 경계가 특징지어진다. 경제 영역의 바깥에 존재하는 자연이 조건을 만들고, 경제 활동을 하는 사람이 그 조건을 주어진 것으로 받아들여서, 그것을 근거로 비로소 자신의 경제를 구축할 수 있듯이, 경제 영역에서 인간의 인간에 대한 권리·법률 관계를 확립하는 모든 것은, 건강한 사회적 유기체 내에서 자연적 근거처럼 경제 생활에 독립적으로 대립된 것으로서 전개되는 법치국가를 통해서 조정되어야 한다.

[23] 지금까지 인류 역사가 발달하는 과정에서 형성되었고, 기계 시대를 통해서 그리고 자본주의적 경제 형태를 통해서 사회 운동에 그 특성을 부여하는 것이 되어 버린 사회적 유기체 내에서는, 경제 생활이 건강한 사회적 유기체에서 포괄해야 하는 것보다 더 광범위하게 포괄하고 있다. 단지 **상품**만 거래되어야 하는 경제 순환

과정 내에서 오늘날에는 인간의 노동력 역시 거래되고 있다. 게다가 권리조차 거래된다. 노동 분업에 근거하는 경제 체제에서 오늘날 단지 상품과 상품 사이의 교환만이 아닌, 동일한 경제적 과정을 통해서 역시 상품을 노동과, 상품을 권리와도 교환할 수 있다. (소비를 위한 공급으로서 인간에 의해서 다른 곳으로 옮겨지는 모든 것, 인간의 활동을 통해서 그렇게 되는 모든 것을 이 책의 필자는 상품이라 명명한다. 비록 이 표현이 다수의 국민 경제학자들에게는 불쾌하거나 불충분해 보일지라도, 경제 생활을 이해시키는 데에는 많은 도움이 될 것이다.)* 어떤 사람이 대지를 구입한다면, 그것은 대지와 상품의 교환으로, 즉 상품을 위한 대리물에 해당하는 금전과의 교환으로 간주해야만 한다. 그런데 대지 자체는 경제 생활에서 상품으로 작용하지 않는다. 대지는 **권리**를 통해서 사회적 유기체 내에 존재하며, 인간이 그 권리를 이용한다. 그 권리는 상품의 생산자가 그 상품에 대해 지니는 관계와는 근본적으로 다르다. 상품에 대한 생산자의 관계 내에는, 어떤 사람에게 대지의 단독적인 사용이 귀속됨으로써 인간과 인간 간에 성립되는 완전히 다른 종류의 관계로 들어설 수 없게끔 하는 것이 근본적으로

---

* 생활에 소용이 되어야 할 그런 설명의 경우에는 이론에서 유래하는 정의를 제시하는 것보다 현실에서 생동적인 역할을 하는 것을 형상화하는 관념을 제시하는 것이 더욱 중요하다. 위에서 사용한 의미의 ≪상품≫은 인간이 체험하는 것을 주목하도록 한다. ≪상품≫에 관한 모든 다른 개념은 어떤 것을 삭제하거나 첨가하기에 그 진정한 실재에 있어서 생활 과정과 일치하지 않는다.

확립되어 있다. 대지 소유자는, 생활비를 벌기 위해서 그 대지의 일꾼으로 고용된 사람들이나 그곳에서 거주해야 하는 사람들을 자신에게 의존하도록 만든다. 생산하거나 소비하는 실제의 상품을 상호 간에 교환하는 경우에는 인간 서로 간에 그와 똑같은 방식의 의존성이 생기지 않는다.

24 생활의 그런 사실들을 편견 없이 통찰하는 사람은 그런 것들이 건강한 사회적 유기체의 제도 내에서 표현되어야만 한다는 점을 통감하게 된다. 경제 생활에서 상품이 상품과 교환되는 한에는 그 상품의 가치 형성이 개인 간의, 그리고 집단 간의 권리·법률 관계로부터 독립적으로 머문다. 상품이 권리와 교환되기 시작하는 바로 그 순간에 권리·법률 관계 자체를 접하게 된다. 그런 것으로서의 교환 자체가 문제시되지는 않는다. 노동 분업에 근거하는 오늘날의 사회적 유기체에서 교환은 필수적인 생활 요소다. 문제는 권리가 경제 생활 **내부에서** 생성되면, 상품을 권리와 교환함으로써 권리 자체가 상품화된다는 데에 있다. 한편으로는 사회적 유기체 내에 상품의 순환이 가장 합목적적인 방식으로 이루어질 수 있도록 하는 것**만** 목적으로 하는 조직이 존재함으로써, 다른 한편으로는 상품 교환에 존재하는 권리를, 즉 생산자, 교역자, 소비자의 권리를 조정하는 조직이 존재함으로써만 그것이 억제될 수 있다. 그 권리는 본질적으로, 상품 교환으로부터 완전히 독립적인, 인간과 인간 간의 관계에 존재해야 하는 다른 권리와 전혀 다름이 없다. 사회 생활에서 내가 어떤 상품을 팔아서 타인에게 손해를 끼치거

나 이익을 준다면, 그것은 상품 교환에서 직접적으로 표현되지 않는 행위나 불이행에 의한 손해나 이익과 동일한 영역에 속한다.

[25] 권리·법률 제도에서 나오는 작용은 개별적인 인간이 지니는 생활 기준에서 순수하게 경제적인 활동의 작용과 합류된다. 건강한 사회적 유기체에서는 그것들이 두 가지 다른 방향에서 와야 한다. 경제 조직 내에서는 경제 분야를 위한 교육으로부터, 그리고 그 분야에서의 경험으로부터 얻은 정통함이 지도적인 인사들을 위해 필수적인 시각을 제시할 수 있어야 한다. 권리·법률 조직 내에서는 개별적인 인간 간의, 혹은 집단 간의 관계로서 권리·법률 의식으로부터 상호 간에 요구되는 것이 법률과 행정을 통해서 실현된다. 경제 조직은 인간을 같은 직업적 흥미나 같은 소비적 흥미를 지닌 사람들, 혹은 다른 관계에서 유사한 욕구를 지닌 사람들이 조합을 이루도록 할 것이며, 그 조합의 상호 교류로 전체 경제가 성립된다. 그런 조직들은 협의적 근거에, 협의 관계의 근거에 구축된다. 그런 협의체들은 오로지 경제 활동만 전개할 것이다. 그들이 하는 일의 바탕이 되는 권리·법률 근거는 권리·법률 제도가 제시한다. 그런 경제 협의체들이 그들의 경제적 이해관계를 경제 제도의 관리 기관이나 대표 기관 내에서 정당화시킬 수 있다면, 그러면 그들은 경제 생활 내에서는 달성할 가능성이 없다고 생각되는 것을 추구하기 위해서 법치국가의 법률 제정 기관이나 관리 기관으로 (예를 들어서 농부 연대로서, 산업체들을 위한 당으로서, 경제적인 목적을 지닌 사회 민주주의로서) 파고들려는

욕구를 발달시키지 않을 것이다. 그리고 법치국가가 어떤 경제 분야에도 관여하지 않는다면, 법치국가에 속하는 사람들의 권리·법률 의식에서 유래하는 기관만 만들 수 있을 것이다. 법치국가의 대표 중에 아주 당연히 경제 생활에서 활동하는 인물이 앉아 있다 하더라도, 경제 생활과 권리·법률 생활 내에 존재하는 지체화를 통해서 권리·법률 생활로 미치는 경제 생활의 영향력이, 국가 기관 스스로 경제 생활의 한 분야를 관장하거나 같은 국가 기관에 경제 생활의 대표가 자신의 이해관계를 위해 법률을 제정하는 경우에 파괴할 수 있듯이 그렇게 사회적 유기체의 건강을 파괴할 정도로 생겨날 수는 없게 된다.

[26] 경제 생활이 권리·법률 생활과 합병된 전형적인 예를 19세기의 60년대에 그 헌법과 함께 오스트리아가 보여 준다. 오스트리아 의회 대표들은 경제 생활의 네 부문에서, 즉 대지주 조합에서, 상인 협의 단체에서, 도시·상업·산업 지역들에서, 그리고 지방단체에서 선출되었다. 그렇게 구성된 국회가 경제적 상황의 정당화를 위해서만 권리·법률 생활을 만들어 내는 일 외에는 아무것도 생각하지 않았으리라는 점을 짐작할 수 있다. 현재 오스트리아의 붕괴에는 분명히 그렇게 국체(國體)를 분산시키는 힘들이 의미심장하게 기여하였다. 그러나 경제 조직과 나란히 자체적 활동을 펼칠 수 있는 권리·법률 제도가 권리·법률 의식으로부터 민족의 공생이 가능한 사회적 유기체의 형상을 발달시킬 수 있었으리라는 사실만 그와 똑같이 확실한 것으로서 정당화될 수 있다.

²⁷ 오늘날 공공 생활에 관심이 있는 사람은 보통 그 공공 생활을 위해 부차적으로나 고찰될 수 있는 것을 주목한다. 그렇게 하는 이유는, 그의 사고습관이 사회적 유기체를 단일적인 구조로 파악하도록 만들기 때문이다. 그러나 **그런** 단일적인 구조를 위해서는 그에게 적합한 선거 방식을 절대로 발견할 수 없다. **모든** 선거 방식의 경우에 경제적 이해관계와 권리·법률 생활의 자극이 대표 기관 내에서 서로 충돌할 수밖에 없기 때문이다. 그리고 그 충돌로 인해서 사회 생활로 흘러드는 것이 공동체적 유기체의 혼란을 **야기할 수밖에 없다.** 오늘날에는 공공 생활의 필수적인 목표 설정으로서 가장 앞자리에 경제 생활과 법률 조직을 단호하고 철저하게 분리하는 작업이 위치한다. 그 분리에 적응해 가면서, 분리되는 조직들이 법률 제정자와 관리자를 선택하기 위한 최상의 방식을 자체적인 근거에서 발견할 것이다. 현재 결정을 내리도록 몰아대는 상황에서는 그런 것으로서의 선거 방식이 지니는 문제가 근본적인 중요성을 띠고 있음에도 불구하고, 역시 부차적 선상에서나 고려될 뿐이다. 옛 상황이 아직 존재하는 곳에서는 필자가 암시한 분리를 그 상황에 따라 작업해 나갈 수 있을 것이다. 옛것이 이미 해체된 곳이나 해체 중인 곳에서는 개별적인 인사들과 그런 인사들 간의 동맹이 설명된 방향으로 움직이는 새로운 형성을 주도해야만 할 것이다. 오늘내일 당장에 공공 생활의 변화를 이루려 하는 것, 그것을 이성적인 사회주의자도 역시 열정에 빠진 몽상으로 간주한다. 그들은 점진적이고 적절한 변화를 통해서 그들이 의

도하는 회복이 들어서리라 기대한다. 그러나 인류의 역사적 발달력이 새로운 사회 질서를 향한 이성적인 의지를 바로 지금 불가피하게 만든다는 점, 바로 그 점이 편견 없는 모든 사람에게 널리 빛을 발하는 사실을 가르칠 수 있다.

[28] 편협한 생활 시야로 인해 습관이 된 것만 ≪실질적으로 실행할 수 있다≫고 여기는 사람은, 여기에 암시된 것을 ≪비실용적≫이라고 간주할 것이다. 자신의 의견을 바꿀 수 없으면서 어떤 분야에서 영향력을 유지하는 사람이라면, 그런 성향의 사람들이 현재의 상황을 야기했던 것과 마찬가지로 사회적 유기체를 회복시키지 않고 오히려 더욱더 병들게 만들 것이다.

[29] 인류의 지도 계층과 함께 시작되었던 추구와 특정 경제 분야(우체국, 철도 등)를 국가 생활에 위임하려 했던 추구는 그 반대가 되는 것에 양보해야만 한다. 즉 모든 경제 활동이 정치적 국가 제도로부터 완전히 분리되어야만 한다. 자신의 의지로 건강한 사회적 유기체를 목표로 한다고 믿는 사상가들은 지금까지의 지도 계층이 추구하는 국유화라는 극단적인 결론을 내린다. 경제 생활의 수단이 생산 수단인 한 그들은 그 모든 것들을 국영화하려고 애쓴다. 건강한 발달은 경제 생활에 독립성을 부여하며, 정치적 국가에는 법률 질서를 통해서 경제 체제에 작용할 수 있는 능력을 부여해서, 사회적 유기체 내로의 편입이 권리·법률 의식에 모순되지 않는다고 개별적인 인간이 느낄 수 있도록 한다.

[30] 인간이 자신의 육체적 노동력으로 사회적 유기체를 위해 처리

하는 그 노동에 시각을 맞추어 보면, 여기에서 제시된 생각이 어떻게 인류의 **현실 생활에** 근거하는지를 통찰할 수 있다. 자본주의적 경제 형태 내에서는 그 노동을 고용인이 피고용인에게서 상품처럼 구입하도록 사회적 유기체에 편입되어 있다. 즉 금전(상품의 대리물로서)과 노동 간에 교환이 이루어진다. 그러나 실제로는 그런 교환이 절대로 이루어질 수 없다. 그것이 이루어지는 듯이 **보일 뿐이다.*** 실제로는 고용주가 노동자로부터 상품을 받는 것이며, 그 상품은 노동자가 자신의 노동력을 상품 생산에 바쳐야지만 생겨날 수 있다. 그 상품의 등가물에서 노동자가 한 부분을, 고용주가 한 부분을 얻는다. 상품 생산은 고용주와 피고용인이 함께 협력해서 나온 결과다. 그 공동 활동의 생산물은 일단 경제 생활의 순환 과정으로 전환된다. 생산품의 제조를 위해서는 고용주와 노동자 간에 권리·법률 관계가 필수적이다. 그러나 그 권리·법률 관계가, 자본주의적 경제 양식에 의해 고용주가 지니는 경제적 우위를 통해서 노동자를 제약하는 것으로 변질될 수 있다. 건강한 사회적 유기체에서는 노동이 지불될 수 없다는 바로 그 사실이 널리 알려져야만 한다. 노동은 상품과 비교되는 경제적 가치를 얻을

---

* 어떤 과정이 잘못된 의미에서 해명될 뿐만 아니라 역시 잘못된 의미에서 실행될 수도 있다. 돈과 노동은 서로 교환될 수 있는 가치가 절대로 **아니다.** 오로지 돈과 노동의 생산물만 교환될 수 있다. 그러므로 내가 노동을 위해서 돈을 지불한다면, 나는 잘못된 일을 **행하는 것**이다. 내가 거짓된 과정을 만들어 낸다. 실제로는 오로지 노동의 생산물을 위해서만 돈을 지불할 수 **있기** 때문이다.

수 없기 때문이다. 경제적 가치는 노동을 통해서 생산된 상품을 다른 상품과 비교할 때에야 비로소 생겨난다. 사회적 유기체의 존속을 위해서 한 인간이 처리해야 할 노동의 양과 종류는 그 사람의 능력에 따라, 그리고 인간 존엄적인 현존을 위한 조건에 따라 조정되어야 할 것이다. 그 조정은 정치적 국가가 경제 생활의 행정으로부터 독립적으로 실행할 때에만 가능하다.

[31] 그런 조정을 통해서, 자연 조건에 내재하는 다른 것과 비교할 만한 가치 근거를 상품에 부여하게 된다. 한 가지 상품을 위한 천연자원의 획득이 다른 상품의 경우에 비해서 더 어렵다는 사실에 의해서 전자의 가치가 후자에 비해서 높아지듯이, 하나의 상품을 제조하기 위해서 어떤 종류의 노동과 어느 정도의 노동이 권리·법률 질서에 따라 조달되어야 하는지, 바로 그것에 상품의 가치가 의존해야만 한다.**

[32] 그런 식으로 경제 생활은 두 가지 측면에서 필수적인 조건에 예속된다. 즉 사람들이 주어진 그대로 받아들여야만 하는 자연 근거의 측면으로부터, 그리고 권리·법률 의식에서 도출된, 경제 생활로부터 독립적인 정치 국가를 토대로 해서 **이루어져야 할** 권리·법률 근거라는 측면으로부터.

** 권리·법률 질서에 대한 노동의 관계가 경제 생활 내에서 작용하는 협의체를 요구한다. 그런 협의체를 통해서 가설보다는 ≪합법적인 것≫을 참작할 수 있다. 그렇게 함으로써 인간이 경제 질서에 의존하지 않고, 경제 조직이 인간에 의존적인 상태에 이른다.

³³ 사회적 유기체의 그런 관리를 통해서, 권리·법률 의식에 비추어 소모된 노동의 정도에 따라 경제적 부(富)가 상승하고 하락하리라는 점을 쉽게 간파할 수 있다. 국민 경제 번영의 그런 의존성만 건강한 사회적 유기체 내에서 유일하게 필수적이다. 오로지 그 의존성만, 자신의 현존재가 인간 존엄적이라 더 이상 느낄 수 없을 정도로 인간이 경제 생활에 의해 소모되는 것을 억제할 수 있다. 그리고 사회적 유기체 내의 모든 동요가 실은 인간 존엄적인 현존에 대한 감각이 존재한다는 사실에 기인한다.

³⁴ 권리·법률의 측면에서 국민 경제의 부를 너무 강하게 축소시키지 않도록 하기 위한 가능성은, 자연 근거를 개선하기 위한 가능성과 유사한 방식에 내재한다. 수확이 별로 좋지 않은 토지에 기술적인 수단을 동원해서 수확량을 늘릴 수 있다. 부가 지나치게 약화되면 그것을 계기로 노동의 종류와 양을 변경할 수 있다. 그러나 그 변경은 경제 생활의 순환 과정에서 직접적으로 도출되어서는 안 되며, 경제 생활로부터 독립적인 권리·법률 생활의 근거에서 발달되는 그 **통찰에서** 나와야 한다.

³⁵ 경제 생활과 권리·법률 의식을 통해서 사회 생활의 조직 내에서 생겨나는 모든 것에는, 세 번째 원천에서, 즉 각 인간의 개인적인 능력에서 솟아나는 것이 작용한다. 최고의 정신적 업적에서부터, 사회적 유기체에 이바지하는 성과를 위해서 인간이 지니는 우월하거나 덜 우월한 육체적 능력을 통해서 인간의 작업에 흘러드는 것에 이르기까지의 모든 것을 그 영역이 포함한다. 사회적 유

기체가 건강하다면 그 원천에서 유래하는 것이 상품 교환에 존재하는 것, 그리고 국가 생활에서 나올 수 있는 것과는 완전히 다른 양식으로 그 유기체로 흘러들기 마련이다. 이 수용이 건강한 방식으로 작용하기 위해서는 인간의 자유로운 감수성에, 개인적 능력 자체에서 나오는 자극에 의존하도록 하는 것 외에 다른 가능성은 없다. 그런 능력을 통해서 생성되는 인간의 성과에 경제 생활이나 국가 조직이 인위적인 영향을 미친다면, 그 성과의 자체적인 삶이 지니는 진정한 근거가 거의 대부분 제거된다. 그 근거는 인간의 성과를 자체적으로 발달시켜야만 하는 힘에만 내재할 수 있다. 그런 성과의 수용이 경제 생활에 의해서 직접적으로 규정되거나, 혹은 국가에 의해서 조직된다면, 그 성과를 위한 자유로운 감수성이 마비되고 말 것이다. 그러나 유일하게 그 감수성만 인간의 성과를 건강한 형태로 사회적 유기체에 흘러들도록 하기에 적합하다. 인간 생활에서 다른 개인적 능력의 발달이 도저히 헤아릴 수 없이 많은 실낱들을 통해서 연결되어 있는 정신 생활을 위해서는, 생산에 있어서 그것이 자체적 자극에 근거할 때에만, 그리고 그것의 성과를 받아들이는 인간과 이해에 찬 관계 속에 존재할 때에만 건강한 발달 가능성이 결과로 나온다.

[36] 정신 생활의 많은 부분이 정치적 국가 생활과 융합되어서 그것에 대한 올바른 시각이 흐려졌기 때문에, 정신 생활의 건강한 발달 조건으로 여기에서 암시되는 것을 오늘날에는 통찰하지 못한다. 지난 수세기의 발달 과정에서 그 융합이 이루어져 왔고, 인

간이 그 상태에 습관들여졌다. ≪학문과 교육의 자유≫라고 말들을 하기는 한다. 그러면서 정치적 국가가 그 ≪자유로운 학문≫과 ≪자유로운 교육≫을 관장하는 것을 당연하게 여긴다. 그렇게 함으로써 국가가 어떻게 정신 생활을 국가적 요구 사항에 의존하도록 만드는지에 대해서는 어떤 감각도 발달시키지 않는다. 교육하는 곳에 국가가 일자리를 만들면 그 일자리를 받은 사람이 정신 생활을 ≪자유롭게≫ 펼칠 수 있다고들 여긴다. 그런 의견에 길들여진 사람은, 인간 계발에 있어서 정신 생활의 **내용이** 인간의 가장 내적인 본성과 얼마나 친밀하게 연결되어 있는지를 간과한다. 인간 계발이 다른 무엇보다도 오로지 정신 생활 자체에서 나오는 바로 그 자극을 통해서 사회적 유기체 내에 자리 잡을 때에만 자유롭다고 할 수 있다는 사실을. 지난 수세기 동안 학문의 관리, 그리고 정신 생활에서 학문과 관련된 분야의 관리뿐만 아니라 역시 그 내용조차도 국가 생활과의 융합에 의해 뚜렷하게 각인되었다. 물론 수학이나 물리학에서 나오는 것에 국가가 직접적으로 영향을 미칠 수는 없을 것이다. 그러나 역사를, 문화 과학을 생각해 보라. 역사의 담당자가 지니는 국가 생활과의 연관성에서 나오는 것, 국가 생활의 필요성에서 나오는 것의 거울 형상이 아닌가? 그것들에 각인된 바로 그 성격으로 인해서 오늘날 학문적으로 방향을 잡는, 정신 생활을 지배하는 표상이 프롤레타리아에 이데올로기로 작용했다. 지배 계급의 이해관계에 부합하는 국가 생활의 필요성에 의해 어떻게 인간 사고에 특정한 성격이 각인될 수 있는지를 프롤레타리아가 알아보았다. 물질적인 이해관계의 거울 형상, 이해관계를 위한 투쟁의 거울 형상을 프롤레타리아적으로 사고하는 자가 알아보았다. 그것이 그 사람 내부에 모든 정신 생활은 이데올로기에 불과하며, 경제 제도의 거울 형상에 불과하다는 감각을 생성시켰다.

[37] 물질적인 외부 생활을 넘어서는 실재, 즉 내용을 그 자체 내부에 지니는 실재가 정신적인 영역에서 관장한다는 느낌이 생겨날 수 있으면 인간의 정신 생활을 황폐하게 만드는 그런 관조가 멈춘다. 정신 생활이 사회적 유기체 내에서 자체적인 자극을 가지고 자유롭게 발달하고 관리하지 않는다면, 그런 감각이 생겨날 가능성이 없다. 그런 종류의 발달과 관리 내에 존재하는 정신 생활의 담당자만 사회적 유기체 내에서 상응하는 무게를 정신 생활에 부여할 수 있는 힘을 지닌다. 예술, 학문, 세계관, 그리고 그것들에 관계하는 모든 것은 인간 공동체에서 독립적인 위치를 필요로 한다. 정신 생활에 모든 것이 함께 연결되어 있기 때문이다. 한 인간의 자유는 다른 인간의 자유가 없이는 이루어질 수 없다. 비록 수학과 물리학이 그 내용에서 국가의 필요성에 의한 영향을 직접적으로 받지 않는다 하더라도, 그것에서 발달시키는 것, 그것의 가치에 대해서 사람들이 어떻게 생각하는지, 나머지 전체 정신 생활에 그것의 육성이 어떤 작용을 할 수 있는지 등 많은 다른 것들을, 국가가 정신 생활에 속하는 부문을 관리할 경우에는 국가의 필요성에 따라 규정할 것이다. 학교에서 저학년을 가르치는 교사가 국

가 생활의 자극을 따르는 경우는 그 자체에 근거한 정신 생활에서 자극을 얻는 경우와는 완전히 다르다. 사회 민주주의 역시 이 영역에서 지배 계급의 사고습관과 관례에서 나온 유산만 상속받았을 뿐이다. 그들도 경제 생활을 근거로 해서 구축된 사회 체제에 정신 생활을 편입하는 것이 이상적이라 생각한다. 만약에 그들이 세운 목표가 이루어진다면, 그로써 그들은 정신 생활이 평가절하된 그 길을 지속시킬 수 있을 뿐이다. 종교는 사적인 문제여야만 한다는 요구와 함께 그들은 올바른 감각을 일방적으로 발달시켰다. 건강한 사회적 유기체에서는 모든 정신 생활이 국가와 경제에 대립해서 여기에 암시된 의미에서 《사적인 문제》가 될 수밖에 없기 때문이다. 그러나 사회 민주주의가 종교를 사적인 영역으로 이송하기는 하되, 그렇게 함으로써 국가의 영향하에 있을 때보다 더 바람직하고, 더 나은 발달을 가져올 그런 위치를 사회적 유기체 내에서 정신적 자산에 부여하려는 의도에서는 아니다. 그들은 사회적 유기체가 그것의 수단을 통해서 **사회적 유기체의** 존속에 필수적인 것만 배려해야 한다는 의견이다. 그리고 종교적 정신 자산은 그런 것이 아니라고 한다. 공공 생활에서 일방적으로 밝혀낸 그런 양식 내에서는, 한 분야의 정신 자산이 속박되는 경우에 다른 분야의 정신 생활이 번성할 수 없게 된다. 새로운 인류의 종교 생활은 모든 해방된 정신 생활과 연결되면서 인류를 위해 영혼을 떠받치는 힘을 발달시킬 것이다.

[38] 정신 생활의 창조뿐만 아니라 인류를 통한 정신 생활의 수용

역시 영혼의 자유로운 욕구에 근거해야 한다. 교사, 예술가 등, 정신 생활 자체에서 생겨나고 오직 그 자극에 의해서만 유지되는 법률 제정과 관리에 그들의 사회적 위치를 통해 직접적인 연관성을 지니는 사람들은 그들의 작용 양식을 통해서 그들이 이룬 성과를 위한 수용성을, 강요된 노동에만 속박되지 않도록 **독립적으로** 작용하는 정치적 국가에 의해 보호받는 사람들에게서, 정신 자산을 위한 이해를 일깨울 수 있도록 한가로움을 권리·법률로부터 얻는 그 사람들에게서 발달시킬 수 있다. 자신을 ≪생활 실용가≫라고 여기는 사람은 이런 생각에서 다음과 같은 믿음을 떠올릴 것이다. "국가가 그런 한가로움을 배려한다면, 그리고 학교에 가는 것을 인간의 자유로운 이해에 맡겨둔다면, 사람들이 그 한가로움에 빠져들어 다시 문맹이 되고 말 것이다." 그런 ≪비관주의자들≫은 세계가 그들의 영향하에 더 이상 존재하지 않는다면 어떻게 될지 그저 기다려 보기 바란다. 그 영향은 너무나 자주, 한가로움을 어떻게 보내야 할지, ≪교양≫을 쌓기 위해서 무엇이 필요한지 등을 그들에게 나지막하게 속삭이는 특정한 느낌에 의해 결정된다. 사회적 유기체 내에서 진정으로 자체적인 근거에 세워진 정신 생활이 지니는 그 점화력을 그들은 상상할 수 없다. 그들이 알고 있는 얽매인 정신 생활은 그들에게 그런 점화력을 절대로 행사할 수 없기 때문이다.

[39] 경제 생활과 마찬가지로 정치적 국가 역시 그들이 필요한 것을 정신 생활에서, 스스로 관리하는 정신적 유기체로부터 공급받

을 것이다. 경제 생활을 위한 실질적인 교육 역시, 경제 생활이 정신적 유기체와 자유롭게 협력함으로써만 그 완전한 힘을 비로소 발달시킬 수 있게 된다. 적합한 교육을 받은 사람들이 경제 영역에서 얻을 수 있었던 경험을 해방된 정신 자산에서 오는 그 힘을 통해서 활성화시킬 수 있다. 경제 생활에서 경험을 얻은 사람들은 정신 조직으로의 통로를 발견할 것이며, 그 안에서 결실을 맺어야 할 것에 유효하게 작용할 것이다.

[40] 정치적 국가 영역에서 필수적으로 건강한 의견이 정신 자산의 자유로운 작용을 통해서 형성될 것이다. 장인적 노동을 하는 사람은 그런 정신 자산의 영향을 통해서 사회적 유기체 내에서 자신의 노동이 지니는 위치에 대해 만족스러운 느낌을 습득할 수 있을 것이다. 장인적 노동을 적재적소에 조직하는 관리가 없이는 사회적 유기체가 그를 감당할 수 없다는 통찰에 이를 것이다. 그는 **자신의** 노동이 각 개인의 인간적 능력의 발달에서 나오는 힘들, 그 조직하는 힘들과 연결되어 있다는 느낌을 받아들일 수 있게 된다. 그가 생산한 상품의 수익에서 그의 몫을 보장하는 권리를 정치적인 국가의 지반 위에 형성할 것이다. 그리고 그에게 다가오는 정신 자산에서 그것의 생성을 가능하게 한 부분을 자유로운 방식으로 누리게 될 것이다. 정신 생활의 창조자는 그가 이룬 성과물의 수익으로 살 수 있는 가능성이 정신 생활의 영역에 생겨난다. 그 영역에서 어떤 사람이 자신을 위해서 행하는 것은 협소한 의미에서 사적인 일로 머물 것이다. 그러나 어떤 사람이 사회적 유기체

를 위해서 무엇인가를 달성할 수 있다면, 그 정신 자산을 필요로 하는 사람이 자유로운 보상을 하리라 기대할 수 있다. 정신 조직 내에서 그가 필요한 것을 그런 보상을 통해서 얻을 수 없는 사람은 정치적 국가 영역이나 경제 생활의 영역으로 건너가야만 할 것이다.

[41] 정신 생활에서 나오는 기술적 고안들이 경제 생활로 유입된다. 비록 국가 영역과 경제 영역에 종사하는 사람들로부터 직접적으로 나온다 하더라도 그것들은 사실 정신 생활에서 유래한다. 경제 생활과 국가 생활을 영글게 하는 모든 조직적 고안과 힘들은 정신 생활에서 온다. 그 양 사회 영역으로의 유입을 위한 보상은, 그 유입에 의지하는 이들의 자유로운 타협과 양해를 통해서 이루어지든가, 아니면 정치적 국가 영역에서 형성되는 법률에 의해 조정된다. 그 정치적 국가 자체의 존속을 위해서 필요한 것, 그것은 조세법을 통해서 조달된다. 조세법은 권리·법률 의식의 요구를 경제 생활의 요구와 조화시킴으로써 형성할 수 있다.

[42] 건강한 사회적 유기체에서는 정치 영역과 경제 영역에 더불어 그 자체에 근거하는 정신 영역이 작용해야만 한다. 유기체의 그 삼지성을 새로운 인류 발달력이 가리키고 있다. 공동체 생활이 본질적으로 인류 대부분의 본능적인 힘을 통해서 이끌어졌던 동안에는 그 결정적인 지체화에 대한 욕구가 드러나지 않았다. 근본적으로 항상 세 가지 원천에서 솟아나는 것이 사회 생활의 특정한 혼미함으로 함께 작용하였다. 새 시대는 사회 유기체로 인간이 의

식적으로 들어서기를 요구한다. 이 의식이 세 가지 면을 방향으로 삼을 때에만 인간의 전반적인 생활과 태도에 건강한 형상을 부여할 수 있다. 그 방향을 영적인 것의 깊은 무의식적 저변에서 현대 인류가 추구한다. 그리고 사회 운동으로 소진되는 것은 단지 그 추구의 흐릿한 잔영에 불과하다.

⁴³ 오늘날 우리가 살고 있는 상태와는 다른 근거로부터 18세기 말에 인간적, 사회적 유기체를 새로이 형성하려는 외침이 인간 천성의 깊은 저변에서 울려 퍼졌다. 거기에서 사람들은 그 새로운 조직의 표어처럼 세 단어, 박애 · 평등 · 자유를 들었다. 그런데 이제 편견 없는 감각으로, 건강한 인간적 감각으로 인간 발달의 실재와 관계를 맺는 사람, 그 사람은 그 단어들이 의미하는 모든 것을 이해하는 일 외에는 아무것도 할 수 없다. 그럼에도 불구하고 단일한 사회적 유기체 내에서 박애 · 평등 · 자유의 사상을 발달시키기가 얼마나 불가능한지를 보여 주려는 노력을 했던 명철한 사상가들이 19세기가 지나는 동안 존재했었다. 그 사상가들은 그 세 가지 자극들을 실현해야 한다면 사회적 유기체 내에서 모순이 될 수밖에 없다고 믿었다. 예를 들어서 **평등**의 자극을 실현하는 경우에 모든 인간 존재에 필수적으로 근거하는 자유에 정당성을 부여하기가 얼마나 불가능한지 명철하게 증명하였다. 그리고 그런 모순을 발견하는 이들에 동의할 수밖에 없다. 그럼에도 불구하고 동시에 일반적인 인간 감각으로부터 그 세 가지 이상의 하나하나에 대해 공감을 느끼지 않을 수 없다!

" 그런 자가당착적 모순이 생긴 이유는, 그 세 가지 이상의 진정한 사회적 의미가 사회적 유기체의 불가피한 삼지성을 통찰함으로써만 비로소 드러나기 때문이다. 그 세 지체를 하나의 추상적, 이론적 국회나 다른 단일성 내에 함께 모아서 중앙집권화해서는 안 된다. 그것들은 살아 있는 실재가 되어야 한다. 그 세 가지 사회적 지체 각기가 자체적으로 중앙집권화되어야 한다. 그리고 그것들이 생동적으로 대등하게 작용하고, 함께 작용할 수 있음으로 해서 비로소 사회적인 전체 유기체의 단일성이 생성될 수 있다. 겉으로는 모순에 가득 차 보이는 것이 실생활에서 단일성으로 함께 작용한다. 그래서 박애·평등·자유와 관련해서 사회적 유기체의 실제적인 형성을 통찰할 능력이 있어야지만, 사회적 유기체의 삶을 파악할 수 있게 된다. 그러면 협의에 의해 성립되는 **경제생활에서** 인간의 협력이 박애에 근거한다는 점을 인식하게 된다. 두 번째 지체에서는, 즉 개인과 개인 간의 순수하게 인간적인 관계에 관한 **공공 권리·법률 체계에서는** 평등 사상의 실현을 추구해야 한다. 그리고 사회적 유기체 내에서 상대적인 독립성을 누리는 **정신적 영역에서는** 사유의 자극을 실현하는 것에 관계한다. 이런 관점에서 그 세 가지 이상이 실재 가치를 보여 준다. 그것들은 무질서한 사회 생활에서가 아니라 오로지 건강하고 삼지적인 사회적 유기체에서만 실현될 수 있다. 추상적으로 중앙집권화된 사회 형상이 자유·평등·박애라는 이상을 혼합해서 실현할 수는 없다. 사회적 유기체의 세 지체 각기가 그 자극들 중 하나에서 자신의 힘을 퍼 올릴 수 있다. 그렇게 해야 효과 있게 다른 지체들과 협력할 수 있다.

[45] 18세기 말에 자유 · 평등 · 박애라는 그 세 가지 사상의 실현을 향해 일어섰던 사람들, 그리고 후일 다시금 반복했던 사람들, 그들은 새로운 인류의 발달력이 어느 방향을 가리키는지 어스름하게 느낄 수 있었다. 그러나 그들은 그와 동시에 단일국가에 대한 믿음을 극복할 수 없었다. 그 단일국가를 위해서는 그들의 사상이 모순에 가득 찬 것을 의미한다. 그 사상의 삼원성을 더 고차적인 단일성으로 비로소 변화시킬 수 있는 사회적 유기체의 삼지성에 대한 욕구가 무의식적인 영혼 생활 깊은 곳에 작용했기 때문에 그들은 그 모순을 신봉하였다. 인류의 새로운 발달 과정에서 이 삼지성으로 몰아대는 발달력을 의식적인 사회 의지로 만드는 것, 바로 그것을, 명확하게 표현하는 오늘날의 사회적 **사실이** 요구한다.

III. 자본주의와 사회적 관념들
(자본, 인간 노동)

⁰¹ 오늘날 사회 영역에서 분명하게 표현되는 사실들을 통해서 어떤 취급 방식이 요구되고 있는지에 대한 판단은, 사회적 유기체의 근본력을 투시하는 통찰로 그 판단을 규정하려는 의지가 없이는 내릴 수 없다. 그런 통찰을 얻기 위한 시도가 바로 선행된 상술의 근간을 이룬다. 편협한 관찰 범위에서 얻은 판단으로만 지탱되는 대책으로는 오늘날 결실을 맺을 수 없다. 사회 운동에서 생겨난 사실들이 사회적 유기체의 근저에 놓인 장애를 드러내고 있으며, 그 장애는 절대로 표면적으로만 존재하지 않는다. 그 장애에 대해서도 역시 근저에 이르기까지 파고드는 통찰에 필수적으로 이르러야 한다.

⁰² 오늘날 자본과 자본주의에 대해 논하면서 사람들은, 프롤레타리아 계층이 자신들의 억압받는 상태에 대한 원인을 찾는 것에 주

목한다. 사회적 유기체의 순환 내에서 어떻게 자본이 촉진하거나 억제하면서 작용하는지, 그 양식에 대한 유효한 판단에는, 인간의 개별적인 능력, 권리 형성 그리고 경제 생활의 힘들이 어떻게 자본을 형성하고 소비하는지를 통찰할 수 있을 때에만 이를 수 있다. 그래서 인간 노동에 관해 논한다면, 경제의 자연 근거와 자본을 가지고 경제적 가치를 창조해 내는 것을, 그리고 바로 거기에서 노동자가 자신의 사회적 위치에 대한 의식에 눈을 뜨도록 하는 것을 가리킨다. 노동자의 인간 존엄성에 대한 느낌을 방해하지 않도록 하면서 인간 노동이 어떻게 사회적 유기체 내에 위치되어야 하는지에 대한 판단은, 인간 노동이 한편으로는 개인적 능력의 전개에 대해, 다른 한편으로는 권리·법률 의식에 대해 지니는 관계를 주목하려 할 때에만 생겨난다.

[03] 사회 운동 내에서 등장하는 요구 사항을 따르기 위해 **가장 먼저** 무엇을 해야 할지에 대한 질문이 나오기 마련이다. 그러나 달성해야 할 것이 건강한 사회적 유기체의 근거와 어떤 관계를 지녀야 하는지 **모른다면**, 역시 **가장 먼저 해야 할 것을** 효과적인 방식으로 실행할 수 없을 것이다. 그 관계를 알고 있어야지만 인간이 위치된 그 장소에서, 혹은 인간이 스스로 자리 잡은 그 장소에서 사실 자체로부터 생겨난 과제를 발견할 수 있다. 여기에 설명된 통찰의 획득에, 인간적 의지에서 나와서 오랜 세월이 흐르는 동안 사회적 제도 내로 전이된 것이 편견없는 판단을 내리기 어렵게 만들며 대치하고 있다. 제도에 깊이 적응함으로써, 그 제도에서 보

존해야 할 것과 변화시켜야 할 것에 대한 의견을 바로 그 제도 자체에서 형성했다. 그렇게 사실에 사고내용을 적응시키고 있지만, 실은 사고내용이 사실을 지배해야 한다. 모든 사회적 제도의 근간이 되는 **원초 사고내용으로의** 회귀를 통해서만 사실에 적절히 대처할 수 있는 판단에 이를 수 있다는 점을 오늘날 필수적으로 주시해야 한다.

04 그 원초 사고내용에 내재하는 힘들이 항상 새롭게 사회적 유기체로 흘러들도록 하는, 올바른 원천이 존재하지 않는다면, 제도가 삶을 촉진하지 않고 오히려 억제하는 형태를 띠게 된다. 비록 완전히 의식적인 사고내용이 미혹에 헤매면서 삶을 억제하는 상황을 만들어 내거나, 이미 만들어 내었다 하더라도, 인간의 본능적인 충동 속에 많든 적든 간에 무의식적으로 그 원초 사고내용이 계속해서 살고 있다. 그리고 사회적 유기체의 혁명적인 충격 속에 현시적으로 혹은 숨겨진 채 드러나는 것들이 바로, 삶을 억제하는 사실 세계에 대립하여 무질서하게 드러나는 그 원초 사고내용이다. 원초 사고내용을 통해 밑그림으로 제시된 제도로부터의 이탈이 어디에서 형성되는지, 그리고 동시에 그 이탈이 피할 수 없을 정도로 불운한 강도를 얻기 전에 그에 대처할 수 있는 가능성이 어디에 있는지를 관찰할 수 있는 경향이 매 순간 존재할 수 있는 양식으로 사회적 유기체가 형성되어 있는 경우에만 그런 충격이 생겨나지 않을 것이다.

05 우리 시대에는 인간 생활의 광범위한 범위에서 원초 사고내용

이 요구하는 상황으로부터 상당히 심하게 이탈되었다. 그리고 그 원초 사고내용에 의해 지탱되는 자극의 삶이, 지난 수세기 동안 사회적 유기체 내에 형성된 것에 대한 격렬한 비판으로서 현재의 사실을 통해서 인간 영혼에 내재한다. 그래서 강력하게 원초 사고내용으로 전향하려는 선한 의지, 그 원초 사고내용을 ≪비실용적인≫ 일반성이라 치부하면서 생활 영역에서 추방해 버리는 것이 하필이면 오늘날 얼마나 해로운지를 제대로 인식하려는 선한 의지가 필요하다. 프롤레타리아적 민중의 삶과 요구 속에는 근대가 사회적 유기체에서 만들어 낸 것에 대한 사실-비판이 존재한다. 그에 대한 우리 시대의 과제는, 사실을 **의식적으로** 조정해야 할 방향을 원초 사고내용 자체에서 발견함으로써 그 일방적인 비판을 억제하는 것이다. 본능적인 조정이 이루어 왔던 지금까지의 방식에 인류가 만족하는 시대는 이미 지나갔기 때문이다.

⁰⁶ 시대적 비판으로부터 드러나는 기본 질문은, 프롤레타리아적 인류가 사적 자본주의로 인해서 경험하는 억압을 어떤 방식으로 멈추게 할 수 있느냐다. 자본 소유자나 자본 지배자는 그들이 생산하려는 것을 위해 타인의 육체 노동을 이용할 수 있는 위치에 있다. 자본과 인간 노동력의 협력에서 생겨나는 사회 관계 내에서는 세 가지 지체를 구분해야만 한다. 즉 한 인물이나 한 집단이 지니는 개별적 능력에 근거를 두어야만 하는 기업가 활동, 권리·법률 관계여야만 하는 기업가와 노동자 간의 관계, 그리고 경제 생활의 순환 속에서 상품 가치를 얻는 물건의 생산. 가능한 한 최상

의 방식으로 인간의 개별적인 능력이 현상으로 드러나게끔 하는 그 힘이 기업가들의 삶에 작용할 때에만 기업가 활동이 건강한 방식으로 사회적 유기체에 관여할 수 있다. 능력이 있는 자에게 그의 능력을 이용할 수 있도록 자유로운 주도권을 부여하는 영역, 그리고 그 능력의 가치 판단이 타인의 자유로운 이해를 통해 가능해지는 영역이 사회적 유기체 내에 존재해야지만 그것이 이루어질 수 있다. 사회 유기체 내에서 정신 생활이 법률의 제정과 관리를 담당하는 영역에 자본을 통한 인간의 사회 활동이 속한다는 점을 이제는 알 수 있다. 정치적 국가가 (자본을 통한 인간의 사회)[3] 활동에 영향을 미친다면, 유능한 개인들에 대한 (정치적 국가의)[4] 몰이해가 불가피하게 그 (유능한 개인)[5]들의 작용을 규정할 수밖에 없다. 정치적 국가는 생활에 대한 균등한 요구가 모든 인간에 내재한다는 사실에 근거해야만 하고, 그것이 효력을 발생하게끔 해야만 하기 때문이다. 정치적 국가는 자신의 영역에서 모든 사람들의 의견이 정당화될 수 있도록 해야만 한다. 정치적 국가가 실행해야 할 것을 위해서는, 개인적 능력에 대한 이해나 몰이해가 고려 대상이 되지 않는다. 그래서 그 내부에서 실현되는 것이 개별적으로 유능한 인간의 활동에 역시 어떤 영향도 미쳐서는 안 된다. 마찬가지로 경제적 이점에 대한 전망 역시 자본을 통해 가능해진, 유능한 개인의 성과를 규정하는 요소가 될 수 없다. 적잖은

---

3), 4), 5) 독자의 이해를 돕기 위해 역자가 첨가함.

자본주의 비평가들이 그 이점에 상당한 무게를 둔다. 그 이점에서 나오는 자극이 있어야지만 유능한 개인이 일을 한다고 그들은 억측한다. 그리고 《실용가》인 그들이 알고 있다고 여기는 그 《불완전한》 인간 천성을 증거로 들이댄다. 물론 오늘날의 실상을 초래한 그 사회 질서 내에서는 경제적 이점에 대한 전망이 통렬하게 깊은 의미를 얻었다. 그런데 바로 그 사실이 현재 체험할 수 있는 실상의 원인 중 적잖은 부분을 차지하고 있다. 그리고 그 실상이 개인적 능력의 발휘를 위한 다른 동인을 발달시키도록 촉구한다. 그 동인은 건강한 정신 생활에서 흘러나오는 **공동체적 이해** 내에만 존재할 수 있다. 자유로운 정신 생활 자체의 힘을 통해서 교육과 학교가 인간에게 자극들을 준비해 줄 것이며, 바로 그 자극들이, 인간 내부에 존재하는 이해의 힘으로 그의 개인적인 능력으로부터 촉구되는 것을 실현시킬 수 있도록 할 것이다.

[07] 그런 의견이 광신적일 필요는 없다. 물론 광신적인 것이 다른 영역에서와 마찬가지로 사회적 의지의 영역에서도 헤아릴 수 없이 엄청난 재난을 초래하였다. 그러나 여기에 상술된 관조는, 이미 선행된 부분에서 알아볼 수 있듯이 정신을 지니고 있다고 여기는 사람들이 주문 외듯이 그에 대해서 말을 하면, 그 《정신》이 기적을 일으킬 것이라는 식의 망상에 근거하지는 않는다. 여기의 이 관조는 정신적인 영역에서 진행되는, 인간의 자유로운 협력의 관찰로부터 출발한다. 그 협력은 자체적 본성을 통해 오로지 **진정으로 자유롭게** 발달할 수 있을 때에만 뚜렷한 공동체적 특질을 얻

는다.

⁰⁸ 정신 생활의 자유롭지 못한 양식만 지금까지 그 공동체적 특질이 드러나지 못하도록 했다. 지배 계급 내에서 정신적인 힘들이 형성되기를, 그 힘들의 성과가 반사회적인 양식으로 인류의 특정 계층 내에 격리된 채 이루어졌다. 그 계층 내에서 생성된 것이 단지 인위적인 방식으로만 프롤레타리아적 인류에 전달될 수 있었다. 그리고 프롤레타리아들은 그 정신 생활에서 영혼을 지탱하는 어떤 힘도 퍼낼 수 없었다. 그들은 그 정신 자산의 삶에 **진정으로** 관여하지 않았기 때문이다. ≪민중적 가르침≫을 위한 기관, 예술 감상이나 그와 유사한 것으로 ≪민중≫을 ≪인도하기≫는, 그 정신 자산이 근대 들어 흡수한 성격을 유지하는 한 진정한 의미에서 민중에게로의 확산을 위한 수단이 결코 될 수 없다. ≪민중≫은 인간 본성의 가장 내적인 부분과 함께 그 정신 자산의 삶 속에 존재하지 않기 때문이다. 말하자면 그 삶의 외부에 존재하는 관점에서 그것을 바라보는 일만 민중에게 가능해졌을 뿐이다. 그리고 정신 생활 중 좁은 의미에서 중요한 것, 그것은 정신적 작용에서도 자본을 근거로 해서 경제 생활로 흘러드는 그 지류에서도 역시 의미가 있다. 생산된 상품이 경제 생활의 순환에서 어떤 길을 통과하는지를 자본가가 혼자만 알고 있고, 프롤레타리아적 노동자는 기계 앞에 서서 오로지 그 톱니바퀴만 만지고 있는 일이 건강한 사회적 유기체에서 일어나서는 안 된다. 노동자는 상품 생산을 위해 일하면서 자신이 어떻게 사회 생활에 참여하고 협력하는지 그

양식에 대한 표상을 충분한 관심을 가지고 발달시켜야 한다. 노동 자체와 마찬가지로 논의 역시 노동 경영에 속해야만 한다. 고용주와 노동자 양자를 포함하는 공동의 사업 계획 협의회를 발달시키기 위한 목적을 갖고 기업가가 그런 논의를 정기적으로 실시해야 한다. 그런 방식으로 건강하게 작용하면 자본 경영자의 올바른 활동이 사회적 유기체를, 그리고 그와 더불어 사회적 유기체의 한 구성원인 노동자 스스로를 장려한다는 사실에 대한 이해가 노동자에게 생겨난다. 기업 경영에서 자유로운 이해를 겨냥하는 공공성[6]의 경우에 기업가는 비난의 여지가 없이 명백한 태도를 취하도록 요구될 것이다.

[09] 공동체에서 추진한 일의 내적이고 합일된 체험에서 생기는 사회적 효과에 대한 감각이 전혀 없는 사람만 여기에 언급된 것을 무의미하다고 여길 것이다. 그런 감각이 있는 사람은 경제 생활에서 자본 근거에 의해 지탱되는 지도가 자유로운 정신 생활의 영역

---

[6] 여기에서의 '공공'이란, 작게는 경제 단위로서의 기업에 관련한 모든 이들, 크게는 그 기업이 속하는 사회적 유기체의 구성원들을 포괄한다. 사회적 삼지성에 따르면 기업의 궁극적인 목표는 최대한의 이윤 창출에 있지 않고, 사회 구성원의 욕구를 합리적인 방식으로 채워 주는 데에 있다. 그러므로 기업 내의 모든 과정이 기업가 개인의 사적 욕구가 아니라 공동체의 욕구를 채우기 위해서 '남들과의 자유로운 이해' 속에 진행된다. 기업이 한편으로는 그 기업의 생산물을 필요로 하는 소비자들과, 다른 한편으로는 그 생산물을 생산하는 노동자들과 항상 협의 관계에 존재함으로써 광범위한 의미에서의 공공성이 이루어진다. 이러한 공공성은 기업의 경영 상태를 공개하는 수준에서의 공공성과는 완전히 다른 의미가 된다. 삼지적 사회 유기체에서는 기업가와 노동자 간에 임금을 결정하는 계약 관계

에 뿌리를 내리는 경우에 경제적 생산성이 얼마나 촉진될지를 통찰하게 된다. 단순히 이윤 때문에 자본과 자본 증식에 존재하는 흥미는 이 조건이 충족되었을 때에만 상품의 생산에 대한, 그리고 성과를 이루어 내는 것에 대한 본질적인 흥미에 자리를 내줄 수 있다.

[10] 오늘날 사회주의적으로 생각하는 사람들은 조합을 통한 생산 수단의 관리를 추구한다. 그들의 추구에서 정당한 부분은 그 관리가 자유로운 정신 영역에 의해서 처리될 때에만 도달될 수 있다. 그렇게 함으로써, 애초에 자본주의자들에 의해 생겨난 경제적 속박, 즉 자본주의자가 자신의 활동을 경제 생활의 힘에서 전개하는 경우에 인간 존엄적이지 않다고 느껴지는 경제적 속박이 불가능하게 된다. 그리고 개인적인 능력을 정치적 국가가 관리할 경우에 그 결과가 될 수밖에 없는 개인적, 인간적 능력의 마비가 생겨날 수 없게 된다.

가 없다. 대신에 노동을 통해 생산한 상품을 기업가에게 양도하고, 그 상품의 판매 이익에서 적정 부분을 노동자가 반대급부로 받는다. 노동자가 얼마나 반대급부로 받아야 하는지, 소위 말하는 임금 문제는 권리·법률 생활에 일임되기 때문에 기업가와 노동자 간의 대화는 '어떻게 하면 사회 구성원이 요구하는 상품을 저렴하고 합리적으로 생산할 수 있는가?'에 대한 문제로 압축된다. 이러한 관계에서는 기업가가 당연히 좁은 의미에서의 공공성을 따라야만 한다. 즉 대차대조표와 손익계산서를 공개하고 노동자들과 함께 이룬 기업 활동의 성과를 노동자들과 '나누지 않을 수 없다.' 노임 관계가 경제 생활에 속하지 않기 때문에 임금이 생산 비용에 포함되지 않음으로 해서 상품 가격이 저렴해질 수밖에 없고, 인플레이션이 일어날 가능성이 최소화된다.

¹¹ 건강한 사회적 유기체에서 자본과 개인적, 인간적 능력을 통한 활동의 성과는 모든 정신적인 성과처럼 한편으로는 행위자의 자유로운 발안에서, 다른 한편으로는 행위자의 성과가 존재하기를 갈구하는 타인의 자유로운 이해에서 나와야만 한다. 그 영역에서는 행위자가 자신이 행한 일의 수익으로 간주하려는 것의 할당이 — 그것을 완수하기 위해 필요했던 준비 과정에 따라, 그것을 가능하도록 하기 위해 들였던 비용 등에 따라 — 행위자의 자유로운 통찰과 조화를 이루어야만 한다. 그가 이룬 성과에 대한 이해가 그에게 제시되는 경우에만 자신의 요구가 충족되었다고 느낄 것이다.

¹² 여기에 상술된 방향에 놓여 있는 사회 제도를 통해서 노동 관리자와 노동자 간에 진정으로 자유로운 계약 관계를 위한 토대가 만들어질 것이다. 그리고 그 관계는 노동력에 대한 상품(또는 금전) 교환에 관계하지 않고, 상품을 함께 생산하는 양자 모두 지니는 몫을 규정하는 것에 관계한다.

¹³ 사회적 유기체를 위해 자본을 토대로 성취되는 것은 **그 본성에 따라** 개인적, 인간적 능력이 유기체에 관여하는 양식에 **근거한다**. 그 능력의 발달은 오로지 자유로운 정신 생활을 통해서만 그에 적합한 자극을 얻을 수 있다. 정치적 국가의 행정이나 경제 생활의 힘에 그 발달을 얽어매는 사회적 유기체 내에서도 역시, 자본 지출이 필수적인 모든 것의 생산성은 마비시키는 제도를 뚫고 자유로운 개인적인 힘으로 밀려 나오는 것에 근거한다. 다만 그런

조건하에서의 발달은 건강하지 않게 되고 만다. 자본을 토대로 해서 개인적인 능력을 전개하기 때문에 인간의 노동력이 상품화될 수밖에 없는 상황이 발생하지는 않았다. 오히려 정치적 국가 생활이나 경제 생활의 순환을 통한 노동력의 속박이 그런 상황을 야기했다. 이 사실의 편견 없는 통찰이 오늘날 사회적 유기체의 영역에서 일어나야 할 모든 것을 위한 전제 조건이다. 정치적 국가로부터 혹은 경제 생활로부터 사회적 유기체를 건강하게 만드는 조처가 만들어져야 한다는 미신이 근대 들어 생성되었기 때문이다. 이 미신에 의해 방향이 결정된 길을 계속해서 나아간다면, 인류가 추구하는 것으로 인도하는 제도가 아니라, 오히려 인류가 피하고 싶은 압제자들만 무수하게 증가시키는 제도를 만들어 낼 것이다.

[14] 자본주의가 사회적 유기체에 질병 과정을 일으킨 그 시대에 사람들이 자본주의에 관해 생각하기를 배웠다. 그 질병 과정을 체험하고 있다. 그에 대항해서 조처를 취해야만 한다는 사실도 역시 알고 있다. 그런데 **더 많이** 알아보아야만 한다. 자본 내에서 작용하는 힘이 경제 생활의 순환에 의해 흡수되는 데에 그 질병의 원인이 있다는 사실을 알아차려야만 한다. 해방된 정신 생활에 의한 자본 활동의 관리에서 ≪비실용적인 이상주의≫의 결과나 보는 표상 양식을 통해 스스로를 환상으로 내몰리도록 하지 않는 사람, 바로 그 사람만 오늘날 인류의 발달력이 강력하게 청구하기 시작하고 있는 방향에서 작용할 수 있다.

[15] 헌데 현재로서는 자본주의를 건강한 궤도로 이끌어 줄 사회적

관념을 직접적으로 정신 생활에 연결시킬 준비가 되어 있지 않다. 오히려 경제 생활의 순환에 속하는 것에 연결을 한다. 현대 들어서 상품 생산이 어떻게 대기업으로, 그리고 그 대기업이 어떻게 자본주의가 지니는 현재의 형태로 이어졌는지 볼 수 있다. 경제 형태의 그 위치에 생산자의 자가 수요를 위해 일하는 조합이 들어서야 한다고들 여긴다. 그런데 당연히 현대 생산 수단과 함께 경제를 유지하려 하기 때문에, 기업들을 하나의 거대한 생산조합으로 통합하기를 요구한다. 스스로를 착취하기 때문에 착취적이 될 수 없다는 그 공동사회의 위탁을 받아서 각자가 그런 조합 내에서 생산하리라고 상상한다. 그리고 이미 존재하는 것에 연결하기 원하거나 혹은 연결해야만 하기 때문에 현대적인 국가를 전망하면서, 그 국가를 포괄적인 생산조합으로 변화시키고자 한다.

[16] 그런 생산조합이 크면 클수록 더 적은 효과를 약속한다는 사실을 사람들은 알아차리지 못한다. 이 책에서 언급한 방식으로 유능한 개인을 조합의 유기체로 영입하지 않는다면, 노동 관리의 공동성은 사회적 유기체의 회복으로 이끌어 갈 수 없다.

[17] 사회적 유기체를 향한 정신 생활의 관여에 대해 편견 없이 판단하는 소질이 현재 거의 없는 이유는, 사람들이 정신적인 것은 모든 물질적인 것과 실용적인 것으로부터 거리가 아주 멀다는 생각에 습관이 들어서다. 경제 생활에서도 자본 활동 내에 정신 생활의 한 부분이 지니는 효과가 드러나야 한다는 이 책의 상술을 기괴하게 여기는 사람들이 적잖을 것이다. 이 상술을 기괴하다고

성격화하는 면에서는 지금까지의 지배 계급 구성원들이 사회주의적 사상가들과 일치한다는 점을 상상할 수 있다. 그렇게 기괴하게 여겨지는 것의 의미를 사회적 유기체의 회복을 위해 간파하려면, 현재 존재하는 특정한 사조를 주목해야 한다. 그 양식에서 보자면 그 사조가 성실한 영혼자극에서 솟아난다 하더라도, 출입구가 있는 바로 그곳에서 진정으로 공동체적인 사고의 생성을 저지하고 있다.

18 그 사조는 ― 다소간에 무의식적으로 ― 내적인 체험에 올바른 타력을 부여하는 것으로부터 벗어나려고 애쓴다. 그것은 하나의 인생관을, 하나의 영적인, 사고하는, 과학적 인식을 찾는 내적인 삶을 전체적인 인간 생활에서 말하자면 흡사 일종의 섬처럼 열망한다. 그런데 그 전체적인 인간 생활로부터, 인간을 일상 생활에 얽어매는 것에 이르는 다리를 연결할 상황에 있지 못하다. 얼마나 많은 사람들이 비록 학교에서 배운 식이라 하더라도 특정한 추상성으로 온갖 종류의 도덕적·종교적 문제를 뜬구름 잡듯이 생각하면서, 말하자면 ≪내적으로 고상하다고≫ 여기는지 볼 수 있다. 어떻게 인간이 덕성을 쌓을 수 있는지, 어떻게 이웃을 사랑으로 대해야 하는지, 어떻게 ≪내적인 삶의 내용≫으로 은혜를 받을 수 있는지 그 방법과 양식에 대해 사람들이 얼마나 골똘히 생각하는지도 볼 수 있다. 그런데, 사람들이 선하다고, 사랑으로 충만하고 호의롭다고, 올바르고 도덕적이라고 부르는 것으로부터, 외부의 실생활에서, 일상에서 자본 효과로서, 노동의 보수로서,

소비로서, 생산으로서, 상품 순환으로서, 신용 제도로서, 은행과 증권시장으로서 인간을 둘러싸고 있는 것들로의 교량을 만들 수 없는 무능력 역시 볼 수 있다. 인간의 사고습관 속에 두 가지 세계의 흐름이 어떻게 나란히 존속하는지도 역시 볼 수 있다. 그 세계 흐름 중에 **하나는**, 자신을 어느 정도까지 신적·정신적 높이에 유지하기를 바라면서 정신적 자극인 것과 삶에서 일상적인 행위라는 사실 간에 어떤 교량도 만들려 하지 않으려는 것이다. **다른 하나는** 아무 생각 없이 일상 생활 속에 살아가는 것이다. 그러나 삶은 단일적이다. 삶을 추진하는 힘이 모든 도덕적·종교적 삶으로부터 아주아주 사소한 세속의 생활로까지, 어떤 이에게는 별로 고귀해 보이지 않는 삶에 이르기까지 내려와서 작용할 때에만 삶은 번성한다. 삶의 두 영역 간에 다리 만들기를 소홀히 한다면, 종교적·윤리적 생활과 관련해서, **그리고 공동체적 사고와 관련해서** 일상적으로 진정한 실재에서 동떨어진 뜬구름 잡는 몽상으로 빠지고 만다. 그러면 그 일상적으로-진정한 실재가 말하자면 복수를 하기 마련이다. 그제야 인간이 특정한 ≪정신적≫ 자극으로부터 온갖 가능한 이상적인 것을, 그가 ≪좋다≫고 부르는 온갖 가능한 것을 추구한다. 그런데 그 충족이 국민 경제에서 나올 수밖에 없는 본능들에, 일상 생활을 위한 요구 사항의 근거로서 그 ≪이상적인 것≫을 마주 대하고 있는 바로 그 본능들에 인간이 ≪정신≫ 없이 몰두한다. 정신성의 개념으로부터 일상 생활에서 마주치는 것에 이르는 길, 실재에 상응하는 그 길을 전혀 모른다. 그로 인해서 일상 생활이, 도덕적 자극으로서 좀 더 고귀한, 영적·정신적 높이에 유지되기 바라는 것과 아무 관계도 없어야 하는 형상을 얻게 된다. 그러면 일상성의 복수가 도덕적·종교적 생활을 인간의 삶에서 내적인 기만으로 형상화하는 것이 되어 버린다. 알아채지 못하는 사이에 도덕적·종교적 생활이 일상적인 것으로부터, 직접적인 생활 실천으로부터 멀어지기 때문이다.

[19] 오늘날 얼마나 많은 사람들이 그러한가? 일종의 도덕적·종교적 고귀함에서 이웃과의 올바른 공생에 대한 최상의 **의지를** 보여 주는 사람들, 그들의 이웃에게 아주아주 최상의 것만 해 주고 싶어 하는 사람들이 얼마나 많은가? 그런데 **실질적인** 생활습관으로까지 파급 효과를 지니는 사회적 표상을 습득할 수 없기 때문에 그것을 진정으로 가능하게 만드는 감각 양식에는 이르지 못한다.

[20] 이 세계 역사적인 순간에, 너무나 절박한 사회 문제를 안고 있는 이 순간에, 스스로를 진짜 생활 실용가라 생각하지만 실은 뜬구름 잡는 몽상가로서 진정한 생활 실천을 저지하는 이들이 바로 그런 사람들의 계층에서 유래한다. 그들이 다음과 같이 연설하는 것을 들을 수 있다. "세계 대전의 참상으로, 비극으로 몰고 간 외적으로 물질적인 생활과 물질주의를 인류가 필수적으로 극복해야 합니다. 그리고 삶의 정신적 이해로 눈길을 돌려야 합니다." 정신성을 향한 인간의 길을 보여 주기 위해서라면, 정신을 향했던 그들의 사고 양식으로 인해 과거에 추앙받았던 인물들을 줄기차게 인용할 것이다. 오늘날 정신이 진정한 실생활을 위해 반드시 실천

해야 하는 것은 무엇인지, 일용의 양식이 어떠한 생산 과정을 거치는지를 가르치려고 애쓰는 사람에게, 우선은 사람들이 정신을 인정하도록 인도하는 일이 중요하다는 점으로 주의를 환기시키려는 것을 체험할 수 있다. 그러나 오늘날 가장 중요한 것은 정신 생활의 힘에서 사회적 유기체의 회복을 위한 방침을 발견해야 하는 일이다. 그렇게 하기 위해서는 사람들이 삶의 지류에서만 정신에 몰두해서는 충분하지 않다. 그렇게 하기 위해서는 필수적으로 일상적인 현존이 정신에 상응하도록 해야 한다. ≪정신적인 삶≫을 위해서 그런 지류를 찾으려는 경향이, 오늘날의 상태로 이어진 사회적 상황을 편애하도록 지금까지의 지배 계급을 이끌어 왔다.

[21] 오늘날의 사회 생활 내에는 상품 생산에서의 자본 관리와 자본 역시 포함하는 생산 수단의 소유가 밀접하게 연관되어 있다. 그런데 사회적 유기체 내에서의 효과와 관련해서 자본에 대한 인간의 그 양 관계는 완전히 다르다. 합목적적으로 적용된다면 개인적인 능력을 통한 관리는 사회적 유기체에 속하는 사람들이 흥미 있어 하는 상품을 그 유기체에 공급한다. 어떤 생활 상태에 있든 간에 인간은, 인간 천성의 원천에서 나와서 인간 생활에 유용한 상품을 고안해 내는 개인적 능력으로 흘러드는 것이 소실되지 않도록 하는 데에 관심이 있다. 그러나 그 능력의 발달은, 그것의 인간적 운반자가 자신의 자유로운 발안에서 그 능력을 발휘할 수 있을 때에만 이루어질 수 있다. 그 원천에서 자유롭게 흘러나올 수 없는 것은 적어도 일정 정도까지는 인간 복지에서 제거되고 만다.

그런데 자본은, 그런 능력이 사회 생활의 광범위한 영역을 위해서 활동할 수 있게끔 하는 수단이다. 특정한 방향에서 재능이 있는 개인, 혹은 특별한 능력이 있는 집단이 자본에 대해 오로지 고유한 발안에서 솟아나는 재량권을 지닐 수 있는 방식으로 전체 자본 소유를 관리하는 일에 사회적 유기체 내의 각자가 진정으로 관심이 있어야만 한다. 정신 노동자부터 장인의 일을 하는 이에 이르기까지 누구든 간에 편견 없이 자신의 흥미에 전념하고자 한다면 이렇게 말해야만 한다. "충분히 많은 수의 능력 있는 인물들이나 혹은 그런 인물들이 모인 집단이 자본에 대한 재량권을 지닐 수 있을 뿐만 아니라, 자체적인 발안에서 자본에 접근할 수 있어야 한다." 어떻게 그들의 개인적인 능력이 자본을 매개로 해서 사회적 유기체에 유용한 상품을 만들어 줄 수 있는지, 그에 대한 판단은 오로지 그들만 내릴 수 있기 때문이다.

[22] 사회적 유기체 내의 유능한 개인들의 활동과 연계해서 어떻게 사적 소유가 인류 발달 과정에서 다른 소유 형태로부터 생겨났는지에 대한 설명이 이 책에서는 필요치 않다. 오늘날에 이르기까지 노동 분업의 영향하에 사회적 유기체 내에서 그런 소유가 발달되었다. 여기에서는 현재의 상황과 그 상황의 필수적이고 지속적인 발달에 관해 언급되어야 한다.

[23] 권력 활동이나 정복 활동 등을 통해서든, 어떤 식으로 사적 소유를 형성했든 간에, 그것은 개인의 능력과 결부된 사회적 업적의 결과다. 그럼에도 불구하고 오늘날 사회주의적으로 생각하는 이

Ⅲ. 자본주의와 사회적 관념들 119

들 간에는 사적 소유를 공동 소유로 전환함으로써만 그들의 압제자들이 제거되리라는 의견이 존재한다. 그러면서 이런 식으로 질문을 한다. "생산 수단의 사적 소유로 비롯된 무산 민중들의 억압 상태를 멈추게 하기 위해 어떻게 사적 소유를 그 생성 과정에서부터 저지할 수 있는가?" 그런 식으로 질문을 하는 사람은 사회적 유기체가 **지속적으로 되어 가는 것, 성장하는 것**이라는 사실을 주목하지 않는다. 성장하는 것을 마주 대하고 이렇게 물어볼 수는 없다. "어떻게 하면 최상의 제도를 만들어 내어서, 그 제도를 통해 올바르다고 인식한 그 상태에 머물 수 있는가?" 일정한 출발점으로부터 본질적인 변화가 없이 계속해서 작용하는 것에 대해서는 그렇게 생각할 수 있다. 그러나 사회적 유기체를 위해서는 유효하지 않다. 사회적 유기체는 그것의 삶을 통해서 그 내부에서 생성되는 것을 지속적으로 변화시킨다. 최상의 형태라고 추정하는 것을 사회적 유기체에 부여하고, 또한 그렇게 머물러야 한다고 여긴다면, 그것은 사회적 유기체의 생존 조건을 파괴하고 만다.

[24] 사회적 유기체의 생존 조건 중 하나는, 개인적 재능으로 공공에 헌신할 수 있는 사람에게서 자유로운 자체적 발안으로부터 나오는 헌신의 기회를 박탈하지 않는다는 것이다. 생산 수단의 자유로운 재량권이 그런 헌신에 속하는 곳, 그곳에서는 그 자유로운 발안의 억제가 공공의 사회적 이해관계에 손상을 입힌다. 이 주제에 이르면, 기업인들이 활동을 위한 자극으로서 생산 수단의 소유에 결부된 이윤에 대한 기대를 필요로 한다고 흔히들 주장하는데

그런 의견은 여기에서 정당화될 수 없다. 사회 관계의 지속적인 발달에 대해 이 책의 의견이 흘러나오는 사고 양식은, 정치적 공공 제도와 경제적 공공 제도로부터 정신 생활이 해방됨으로써 그런 자극이 사라질 수 있는 가능성을 인식하지 않을 수 없기 때문이다. 해방된 정신 생활은 사회적 이해를 완전히 불가피하게 자체적으로 발달시킬 것이다. 바로 그 이해로부터 경제적 이점에 대한 기대에 존재하는 것과는 완전히 다른 양식의 자극이 생겨난다. 그러나 어떤 자극으로 인해 사람들이 생산 수단의 사적 소유를 선호하는지에 관한 문제만 다루고 있지는 않다. 사회적 유기체의 생존 조건에 생산 수단의 자유로운 재량권이 부합하는지, 아니면 공동체를 통한 조정이 부합하는지에 관한 문제를 다루고 있다. 이 문제를 다루면서 또한 오늘날의 사회적 유기체를 위해서는 원시적인 인간 사회에서 관찰할 수 있다고 믿는 것이 아니라, 오로지 오늘날의 인류 발달 단계에 합당한 것만 고찰 대상으로 삼을 수 있다는 사실을 항상 주목해야만 한다.

[25] 바로 오늘날의 단계에서는 유능한 개인들이 자본에 대한 자유로운 재량권을 지녀야지만 그 자본을 통해 경제 생활의 순환 과정에서 효과적으로 능력을 발휘할 수 **있다**. 풍부한 성과가 나오도록 생산해야 하는 곳에서는 개인이나 개별적인 집단에 이득이 되어서가 **아니라**, 사회적 이해에 의해 적합하게 이용되면 공공에 최상으로 이바지할 수 있기 때문에 자본에 대한 그 재량권이 가능해야만 한다.

²⁶ 인간이 자신의 신체 지체의 숙련도와 어느 정도까지는 결합되어 있듯이, 공동체 내에서 스스로 혹은 타인과 함께 생산하는 것과도 역시 어느 정도까지는 결부되어 있다. 생산 수단에 대한 자유로운 재량권의 억제는 곧 신체 지체의 숙련도를 자유롭게 적용하는 것을 마비시키는 것과 마찬가지다.

²⁷ 그런데 사적 소유란 그 자유로운 재량권의 매개물일 뿐, 그 외에는 아무것도 아니다. 소유물이라는 관점에서 보자면, 소유자가 자유로운 발안으로 자신의 소유물을 처리할 수 있는 **권리를** 지닌다는 사실 외에 다른 것은 사회적 유기체를 위해서 고려 대상이 되지 않는다. 사회적 유기체를 위해 완전히 다른 의미를 지니는 두 가지가 사회 생활 내에 결합되어 있다는 점을 볼 수 있다. 그 중 하나는, 사회적 생산의 자본 근거에 대한 **자유로운 사용 권한**, 그리고 다른 하나는 **권리 관계**다. 재량권을 지닌 자가 권리를 통해, 그 자본 근거를 이용하는 자유로운 활동으로부터 타인을 배제시킴으로써 그 타인과 권리 관계에 들어선다.

²⁸ **원천적인** 자유로운 재량권이 사회적 손상을 야기하지는 않는다. 유능한 개인을 적합한 방식으로 그 재량권과 결합시키는 조건이 정지되었음에도 불구하고 그 권한이 **지속적으로 존재하는** 경우에 사회적 손상이 야기된다. 되어 가는 것, 성장하는 것으로서의 사회적 유기체를 주목하는 사람은 여기에 암시된 것을 오해할 수 없을 것이다. 그 사람은, 한편으로는 삶에 이바지하는 것이 다른 한편으로는 해악으로 작용하지 않도록 하기 위해서 어떻게 그

것을 관리해야 할지 그 가능성을 물어볼 것이다. **살아 있는** 것은, 되어 가는 과정에서 이미 생겨난 것을 역시 결점으로 여기지 않고서는 어떤 방식으로도 만족할 만한 결과를 가져오도록 조직할 수 없다. 인간이 사회적 유기체에 해야만 하듯이, 되어 가는 것 자체를 함께 만들어 가야 한다면, 손상을 피하기 위해서 필수적인 제도의 생성을 방해하는 것이 그 일의 과제는 아니다. 그렇게 하면서 사회적 유기체의 존재 가능성을 파괴하기 때문이다. 합목적적인 것이 해악적인 것으로 변한다면, 유일한 문제는 올바른 순간에 개입하느냐일 뿐이다.

[29] 유능한 개인들이 자본 근거를 자유롭게 이용할 수 있는 가능성이 존재해야만 한다. 그리고 자본 근거에 결부된 소유권이 부당한 권력 활동의 개진을 위한 수단으로 전복되는 순간에 그 소유권을 변경할 수 있어야만 한다. 여기에서 암시되는 사회적 요구를 참작하는 제도가 우리 시대에는 소위 말하는 지적 소유권을 위해서만 부분적으로 실행되고 있을 뿐이다. 지적 소유권은 저작자가 사망한 후 일정 기간이 지나면 공공을 위한 자유로운 소유물로 전환된다. 그 제도에 인간적 공동 생활의 본성과 일치하는 표상 양식이 존재한다. 순수하게 정신적인 창조가 한 인간의 개인적 소질에 아무리 밀접하게 결합되어 있다 하더라도, 그 자산은 역시 사회적 공생의 결과이며, 올바른 순간에 사회적 공생으로 전환되어야만 한다. 다른 소유물 역시 전혀 다를 바가 없다. 각자의 도움으로 전체에 이바지하기 위해 생산하는 것, 그것은 오로지 전체의

협력에서만 가능하다. 그러므로 소유물에 대한 재량권을 전체의 이해관계로부터 분리해서 관리할 수는 없다. 자본 근거의 소유를 근절할 수 있는 방법이 아니라, 최상의 방식으로 전체에 이바지하도록 그것의 소유를 관리할 수 있는 방법을 찾아야 한다.

[30] 삼지적인 사회적 유기체에서 그 방법을 발견할 수 있다. 사회적 유기체 내에서 합일된 인간들은 전체로서 법치국가를 통해서 작용한다. 유능한 개인들의 활동은 정신적 조직에 속한다.

[31] **실재에** 대한 이해가 있고, 주관적 의견, 이론, 희망사항 등에 의해 좌지우지되지 않는 관조를 따르는 사회적 유기체의 모든 것에서 그 유기체의 삼지성이 불가피하다는 결과가 나오듯이, 경제 생활의 자본 근거에 대한 유능한 개인들의 관계와 그 자본 근거의 소유에 대한 문제 역시 첨예하게 대두된다. 사회적 유기체 전체를 위한 이바지라는 의미에서 개인적 능력이 자본 근거에 연결되어 있는 한, 법치국가는 자본에 대한 사적 소유의 생성과 관리를 억제할 필요가 없다. 국가가 사적 소유에 관해서는 법치국가로 머물 것이다. 달리 말하자면 국가 자체는 아무것도 소유하지 않으며, 사적 소유의 재량권이 올바른 시점에 한 개인이나 집단으로 전환되도록 작용해서 그 개인이나 집단이 그들의 개별적 상황에 따라 다시금 그 소유물에 대한 관계를 발달시킬 수 있도록 할 것이다. 그렇게 함으로써 두 가지 완전히 다른 출발점으로부터 사회적 유기체에 이바지할 수 있게 된다. **모든 사람들이** 동일한 방식으로 접하는 것과 관계하는 법치국가의 민주적인 지반 위에서, 시간이

흐르는 동안 소유권이 부당소유권으로 변하지 않도록 감시할 수 있게 된다. 국가가 재산을 스스로 관리하지 않고 유능한 개인들에 그것을 연결하는 일을 맡기 때문에, 유능한 개인들이 그들의 능력을 사회적 유기체 전체를 위해 충분히 전개할 수 있다. 그것이 합목적적으로 드러나는 한 그런 조직화를 통해 그것의 소유권이나 재량권이 사적인 요소로 머물 수 있다. 한 사람이나 한 집단으로부터 다른 사람이나 다른 집단으로의 소유 전환에 대해서는 법치국가의 대표들이 시대에 따라 완전히 다른 법률을 제정하리라는 점을 생각할 수 있다. 모든 사적 소유에 대해서 커다란 불신이 광범위하게 생겨난 현재, 급격하게 공동 소유로 전환하려는 의견이 대두되고 있다. 그 노정에서 더 멀리 나아가게 되면, 그로 인해 어떻게 사회적 유기체의 생존 가능성이 파괴되는지를 보게 될 것이다. 경험을 통해 배움으로써 후일 다른 길을 선택하게 될 것이다. 그런데 여기에서 암시된, 사회적 유기체를 건강하게 만들 제도를 오늘날에 일찌감치 시작한다면 역시 의심의 여지가 없이 더 나을 것이다. 한 사람이 혼자서, 혹은 한 집단과 연계하여 자본 근거를 조달해 생산 활동을 계속하는 한, 사업 이윤을 생산 사업의 확장에 투자한다면, 초기 자본에서 사업 이윤으로 생겨난 그 자본 총액에 대한 재량권을 그들이 지녀야 한다. 생산을 관리하는 인물이 그만두는 시점에 자본 총액은 그 생산과 동일한 양식이나, 사회적 유기체에 이바지하는 다른 양식의 사업을 위해 다른 인물이나 다른 단체로 전환되어야 한다. 생산 사업에서 획득되었지만 그 사업의 확장에 투자되지 않는 자본 역시 생성과 동시에 같은 과정을 거쳐야 한다. 기업을 이끄는 인물의 사적 소유로서는, 생산 사업을 시작하면서 그들의 개인적 능력을 통해서 만들 수 있었다고 확신되는 권리 근거에 연관되는 것, 그리고 그 자본에 대한 권리 주장을 타인들의 신뢰를 통해 얻었다는 점이 정당해 보이는 권리 근거에 연관되는 것만 해당된다. 그 인물의 활동을 통해 자본이 증식되었다면, (그 인물이 그 기업에서 활동하기 시작한 시점의)[7] 원천적 수입의 증가가 자본증식분에 대한 이자 수입의 의미에 상응하는 만큼만 그 사람의 사적 소유로 전환된다. 첫 번째 관리자가 기업을 더 이상 이끌 수 없거나, 이끌기를 원하지 않는다면, 생산 기업에 투자된 자본은 시작 당시 소유자의 의지에 따라 모든 책임과 함께 새 관리자에게 이관되거나, 시작 당시의 소유자에게로 소급된다.

[32] 그런 제도에서는 권리 이관과 관계한다. 그런 이관을 어떻게 실행해야 하는지에 대한 법규의 제정이 법치국가의 책임이다. 법치국가는 그 실행을 감시하고 관리해야 한다. 그런 권리 이관을 조정하는 규정이 권리·법률 의식에서 보아 매우 개별적으로 다양한 방식에서 옳다고 느끼리라는 점을 상상할 수 있다. 여기에 상술된 **실재성에 걸맞아야 할** 표상 양식은, 규칙이 움직일 수 있는 **방향을** 가리키는 그 이상으로는 절대로 넘어서지 않는다. 이해심

---

[7] 독자의 이해를 돕기 위해 역자가 첨가함.

을 가지고 그 방향을 수긍한다면 각기의 구체적인 경우에서 항상 상황에 적합한 것을 발견할 수 있을 것이다. 그럼에도 불구하고 생활 실천을 위해서는 문제의 본질에 맞추어서 개별적인 상황으로부터 올바른 것을 발견해야만 한다. 사고 양식이 실재성에 더욱 더 걸맞을수록, 선입견에 사로잡힌 요구 사항으로 개별적인 것을 위해 법률이나 규정을 제정하기를 오히려 피하게 된다. 하지만 다른 한편으로는 바로 그 사고 양식의 정신에서 이러저러한 것이 결정적인 방식으로 불가피하게 결과로 나온다. 그런 결과 중에 하나가 바로, 법치국가가 권리 이관의 관리를 통해 스스로 자본의 재량권을 독점해서는 절대로 안 된다는 점이다. 개별적으로 능력이 있기 때문에 이관 과정이 정당해 보이도록 하는 인물이나 단체로의 이관이 실행되도록 국가는 단지 배려할 뿐이다. 설명된 근거에 따라 자본 양도를 실행해야 하는 사람이 자본을 관리할 후임자를 자유롭게 결정할 수 있는 규정 역시 일단은 이 조건에서 완전히 일반적으로 정당화되어야 할 것이다. 양도자가 한 인물이나 한 단체를 선택하거나, 혹은 재량권을 정신적 조직의 협력에 일임할 수도 있다. 자본 관리를 통해서 사회적 유기체에 합목적적으로 이바지한 사람이라면, 그 자본의 지속적 활용에 대해 그의 개인적인 능력을 통해 사회적 이해를 가지고 판단할 것이기 때문이다. 그리고 그 판단을 포기하고 그 상황과 직접적으로 관계하지 않는 인물이 조정하는 경우보다, 그 사람의 판단에 근거해서 결정한다면 사회적 유기체를 위해 더 유용할 것이다.

³³ 한 인물이나 한 단체가 생산 수단(여기에는 토지와 대지 역시 포함된다)을 통해 취득한 자본량, 그리고 애초에 유능한 개인의 활동을 위해 생겨난 권리에 근거하지 않는 사적 소유의 자본량이 일정 정도에 이르렀을 때에 그런 양식의 조정이 고려된다.

³⁴ 바로 이 마지막 방식으로 얻은 소득과 스스로의 노동 성과에서 나온 모든 저축은 취득자의 사망 시점까지, 혹은 그 이후의 특정 시점까지 그 취득자나 후손의 사적 소유로 머문다. 생산 수단의 조달을 위해 그런 저축을 받은 사람은 그 시점까지, 권리·법률 의식에서 나오고 법치국가를 통해 규정된 이자를 지불해야 한다. 여기에서 설명된 근거에 세워진 사회 질서 내에서는, 생산 수단에 연결된 노동 성과를 토대로 생겨나는 수익과 사적(육체적 그리고 정신적) 노동을 토대로 해서 취득한 재산 간에 완전한 분리가 이루어질 수 있다. 그 분리는 권리·법률 의식과 사회 공공의 이해관계에 일치한다. 어떤 사람이 저축을 하고, 그 저축을 기업이 활용하도록 하면 사회 공공의 이해관계에 봉사한다. 그런 저축이 유능한 개인들에 의한 생산 관리를 비로소 가능케 하기 때문이다. 생산 수단을 통해서 — 법정 이자를 계산한 후에 — 자본 증식이 이루어진다면, 그렇게 생긴 증식은 전체 사회적 유기체의 작용 덕분이다. 그러므로 위에 설명한 방식으로 그것이 사회적 유기체로 다시금 소급되어야 한다. 법치국가는 문제시되는 자본의 양도가 제시된 방식으로 실행되도록 하는 **그 일에** 대해서만 규정할 수 있을 뿐이다. 양도되거나 저축된 자본의 재량권을 어떤 물질적인

혹은 정신적인 생산으로 넘길지에 대한 결정을 할 책임은 지지 않는다. 그런 책임을 진다면 정신적 혹은 물질적 생산을 국가가 독재하는 상황에 이르게 된다. 그 정신적, 물질적 생산은 사회적 유기체를 위한 최상의 방식으로 유능한 개인들에 의해 관리된다. 자신이 만들어 낸 자본을 누구에게 양도해야 할지 스스로 선택하기를 원치 않는 사람은 그 재량권의 양도를 위해 정신적 조직의 단체 중 하나를 지정할 자유가 있다.

[35] 저축으로 모은 재산 역시 이자 소득과 함께 취득자의 사망 이후에, 혹은 사망 후 일정 기간이 지나면 취득자의 유언에 따라 선택될 수 있는 사람들 중에서 정신적으로 혹은 물질적으로 생산하는 사람이나 단체로 — 양도된 재산이 퇴직금에 해당하는 비생산적인 사람이 아니라 **오로지** 생산적으로 활동하는 사람에게로만 — 이관된다. 한 사람이나 한 단체를 직접 선택할 수 없는 경우에는 역시 정신적 조직의 단체 중 하나에 재량권의 양도를 위탁할 수 있다. 어떤 사람이 재량권에 대해 아무 결정도 내리지 않는 경우에만 법치국가가 그를 대리해서 정신적 조직을 통해 재량권에 대한 결정을 내리도록 할 수 있다.

[36] 그렇게 조정된 사회적 유기체 내에서는 각 개인의 자유로운 발안과 동시에 사회 공공의 이해관계 역시 고려된다. 바로 자유로운 개별적-발안자들이 자신의 일을 할 수 있는 위치에 있음으로 해서 후자에 완전히 상응한다. 자신의 노동을 다른 사람의 관리에 맡기는 사람은 그 관리자와 함께 이룬 성과가 가능한 최상의 방식

으로 사회적 유기체를 위해, 그리고 역시 노동자 자신을 위해 효과적이라는 사실을 그런 조정에서 알 수 있게 된다. 한편으로는 생산 수단 내에서 구체화되는 자본에 대한, 권리·법률 의식을 통해 조정되는 재량권과 인간의 노동력이 있고, 다른 한편으로는 그 자본과 인간 노동력을 통해 생산되는 상품 가격이 있으며, 여기에 의도된 사회적 질서가 그 양자 간에 인간의 건강한 감성에 상응하는 관계를 만들어 낼 것이다. 아마도 어떤 사람은 여기에 상술된 내용에서 결점을 발견할 수도 있다. 결점이 발견될 수도 있다. 실재에 걸맞는 사고 양식은 영원을 위한 완벽한 《프로그램》의 제시가 아니라, 실질적으로 일해 나가야 할 **방향의** 설정에 중점을 둔다. 여기에서 설명된 것과 같은 특이한 제안을 통해서는 설정된 방향이 하나의 예에서 좀 더 자세하게 설명될 뿐이다. 그런 예는 물론 개선될 수 있다. 그 예가 제시된 방향에서만 일어난다면 풍부한 결과를 맺는 목표에 이를 수 있을 것이다.

[37] 그런 제도를 통해 개인이나 일가의 정당한 동기가 인간 사회 공공의 요구와 일치될 수 있다. 재산을 생존 당시에 이미 한 명의 후손이나 여러 명의 후손에 물려주려는 유혹이 매우 크다는 점을 물론 무시할 수 없다. 그리고 그런 후손 중에 겉보기에는 생산적인 능력이 있는 듯이 보이지만 다른 사람에 비해 역시 무능해서 그 다른 사람으로 대체되는 편이 나을 수도 있을 것이다. 그러나 위에 암시된 제도가 지배하는 조직에서는 그런 유혹이 상당히 낮아진다고 가정할 수 있다. 법치국가가 어떤 상황하에서도, 가족

중에 다른 구성원에게로 양도된 재산을 그 양도인의 사망 후 일정 기간이 지나면 정신적 조직에 속하는 단체로 귀속시키도록 요구할 필요만 있기 때문이다. 혹은 다른 방식으로 법을 통해 그 위법을 저지할 수 있게 된다. 법치국가는 그 양도가 **이루어지는지만** 관리할 것이다. 누구에게 유산을 넘겨야 할지는 정신적 조직에 속하는 기관을 통해 결정되어야 한다. 그런 조건이 성립됨으로써, 후손을 사회적 유기체에 적합한 사람이 되도록 교육하고 양성하려는 이해가 발달하고, 비생산적인 인물에게로의 자본 양도를 통한 사회적 손상이 발생하지 않게 된다. 진정으로 사회적 이해 속에 사는 사람은, 자본 근거에 대한 자신의 연계성이 개인적 능력에서 보아 그런 연계성에 맞지 않는 인물이나 집단에서 계속 작용하는 것에 전혀 신경조차 쓰지 않는다.

[38] 진정 실용적으로 실천할 수 있는 것에 대한 감각이 있다면 아무도 여기에 상술된 내용을 단순한 이상향이라고 여기지 않을 것이다. 삶의 모든 분야에서 완전히 직접적으로 오늘날의 상태 자체로부터 생겨나서 성장할 수 있는 바로 그런 제도를 암시하기 때문이다. 법치국가 내에서는 정신 생활의 관리와 경제 문제를 점차적으로 포기하고, 일어나야 할 것이 정말로 일어나는 경우에, 즉 사립 교육 기관이 생겨나고, 경제 생활이 자체적인 근거에서 존재하게 되면 그것을 법치국가가 저지해서는 안 된다는 결단을 내려야만 할 뿐이다. 공립학교나 국가 경제 기관을 오늘내일 당장에 폐지할 필요는 없다. 그러나 아마도 적은 규모에서 시작하면 공립

교육 기관과 경제 기관의 해체가 점차적으로 이루어질 가능성이 생기는 것을 보게 될 것이다. 그러나 무엇보다도, 여기에 상술된 생각이나 그와 유사한 사회적 관념의 정당성을 확신하는 인물들이 그 확신을 위해 매진하는 것이 필수적이다. 그런 관념이 이해를 얻게 되면, 그로써 오늘날의 상태를 손상이 드러나지 않는 상태로 전환할 수 있는, 치료적으로 가능한 변화에 대한 **신뢰가** 생겨날 것이다. 이 신뢰, 유일하게 이 신뢰에서만 진정으로 건강한 발달이 생겨날 수 있을 것이다. 그런 신뢰를 얻은 사람은, 새로운 제도를 이미 존재하는 제도에 실질적으로 어떻게 연결해야 하는지를 확실하게 조망할 수 있기 때문이다. 여기에 전개된 관념들에서 가장 본질적인 면은, 그 관념들이 오늘날 이미 들어선 상태를 더 심하게 파괴한 다음에 그보다 나은 미래를 건설하려는 것이 아니라, 그런 관념의 실현이 이미 존재하는 것을 바탕으로 삼아 계속 구축하는 과정에서 불건강한 부분을 해체시킨다는 것이다. 이 방향으로의 신뢰를 추구하지 않는 계몽은 무조건적으로 도달해야만 할 것을, 즉 사람들이 지금까지 일해서 모은 재화나 습득한 능력의 가치가 덧없이 사라지지 않고 보존되는 지속적인 발달을 결코 달성하지 못할 것이다. 아주 과격한 사상가 역시 진정으로 건강한 발달을 도입할 수 있는 사상을 마주 대하고 있다 여긴다면, 전승된 가치를 보존하면서 사회를 새로이 형성하는 일에 대한 신뢰를 얻을 수 있다. 어떤 인간 계급이 지배권을 쟁취하든 간에, 그들의 자극이 사회적 유기체를 건강하고 생존 가능하도록 만드는 관념으로 지탱되지 않는다면 이미 존재하는 폐해를 제거하지 못한다는 점을 인정해야만 할 것이다. 그런 관념의 확산에 필수적인 힘을 쏟아 부을 수 있기는 하지만, 현재의 혼란에도 불구하고 충분히 많은 사람들이 그에 대한 이해를 보이리라 믿을 수 없기 때문에 의심하는 것, 그것은 인간 천성의 감수성에서도 건강한 것과 합목적적인 것의 자극에 대한 의심을 의미한다. 그에 대해 의심해야 하는지, **그런** 질문이 절대로 생겨나서는 안 된다. **오직 한 가지** 다른 질문만 있을 뿐이다. "신뢰를 일깨우는 관념에 대한 계몽을 가능한 한 힘차게 하기 위해서 과연 무엇을 해야 하는가?"

[39] 여기에 상술된 관념의 효과적인 확산에는, 두 가지 근거에서 현시대의 사고습관이 그것과 타협할 수 없다는 사실이 일단 대치하고 있다. 특성화된 세 가지 생활 부문이 실제로 어디에서나 함께 연결되어 있기 때문에 단일적인 사회 생활의 분리가 가능치 않다든지, 아니면 그 세 부문 각기가 지니는 필수적으로 독립적인 의미를 단일국가 내에서도 역시 달성할 수 있다는 이의를 어떤 식으로든 간에 제기할 것이다. 그러면서 여기에 상술된 것이 실생활에서 완전히 동떨어진 관념의 망상을 제시한다고 할 것이다. 첫 번째 이의는 **비실재적인** 사고에서 출발한다는 점에 기인한다. 규정을 통해서 공동체로 단일성을 일단 이끌고 들어가야만 사람들이 그 공동체 내에서 삶의 단일성을 만들어 낼 수 있다고 믿는다. 그런데 삶의 실재성은 그 반대를 요구한다. 단일성은 **결과로서** 생겨나야만 한다. 다양한 방향에서 흘러드는 활동들이 **최종적으로**

단일성이 생겨나도록 해야 한다. 최근의 발달이 실재성에 일치하는 **바로 이** 관념에 역행하였다. 바로 그래서 사람들의 내면에 살았던 것이 외부에서 삶으로 들여보내졌던 ≪질서에≫ 저항하였고, 결과적으로 오늘날의 사회 상태에 이르렀다. 두 번째 편견은, 사회 생활의 세 지체의 작용 내에 존재하는 철저한 차이를 통찰할 수 없는 무능에서 나온다. 인간이 어떻게 세 지체 각각에 **특별한** 관계를 지니는지를 보지 않는다. 한 지체가 다른 두 지체로부터 분리된 상태에서 서로 협력할 수 있는 관계가 형성되는 독립적인 근거가 실생활에 존재하는 경우에만 각 지체 간의 관계가 특성에 맞추어 전개될 수 있다. 과거의 의견 중에 하나인 중농학파는 이렇게 주장했다. "경제 생활에 대한 행정 조처를 사람들이 만들지만, 그 조처들이 경제 생활의 자유로운 자체적 발달을 거역한다. 그런 조처는 해악이다. 아니면, 경제 생활을 자유롭게 버려두어서, 그것이 저절로 되어 가는 바로 그 방향으로 **법률** 역시 따라간다. 그런 경우에 법률은 불필요한 잔소리에 불과하다." 학설로서의 이 의견은 극복되었다. 그러나 사고습관으로서는 아직도 사방에서 사람들의 머릿속에 끔찍하게 떠돌고 있다. 하나의 생활 영역이 그 자체의 법칙을 따르면, 그 영역에서 생활을 위해 필수적인 **모든 것이** 결과로 나와야만 한다고 여긴다. 예를 들어서 경제 생활이 어떤 방식으로 조정되어서 사람들이 그 조정을 만족스럽게 느끼면, 그 조정된 경제 근거에서 권리·법률 생활과 정신 생활 역시 올바르게 생겨나야만 한다는 것이다. 그런데 그런 일은 전혀 가능하지 않다. 실재성을 낯설게 마주 대하고 있는 사고만 그런 것이 가능하다고 믿을 수 있다. 경제 생활의 순환 과정 내에는, 인간에서 인간에 이르는 관계에 대한 권리·법률 의식에서 흘러나오는 것을 조절할 수 있는 원동력을 자체적으로 **포괄하는 것이 전혀 존재하지 않는다**. 그리고 인간에서 인간에 이르는 **그** 관계를 경제적 원동력으로 해결하고자 한다면, 인간을 그의 노동력과 더불어, 그리고 노동 수단에 대한 재량권과 더불어 경제 생활에 얽어매고 말 것이다. 그는 기계처럼 작용하는 경제 생활의 톱니바퀴가 될 것이다. 경제 생활은 지속적으로 한 방향으로만 움직이려는 경향을 띠고, 그 방향은 다른 방면으로부터 개입되어야만 한다. 권리·법률 조처가 경제 생활에 의해 생겨나는 방향으로 흘러가면 유익하고, 그와는 반대로 흘러가면 해악적이라는 말이 아니다. 경제 생활이 흘러가는 그 방향이, 인간을 단지 인간으로서만 관계하는 권리·법률로부터 영향을 받는 경우에, 인간이 그 경제 생활 내에서 인간 존엄적인 현존을 누릴 수 있다는 것이다. 그리고 유능한 개인들이 경제 생활로부터 완전히 분리되어 자체적 근거에서 성장하고, 경제 생활이 자체적으로 **생성시킬 수 없는** 그 힘을 경제 생활로 항상 새롭게 유입시킬 때에만, 경제 역시 인간을 육성하는 방식으로 발달할 수 있게 된다.

[40] 참으로 기이하다. 순수하게 외적인 생활 영역에서는 분업의 장점을 쉽게 알아본다. 재봉사가 우유를 얻기 위해 젖소를 키워야 한다고는 아무도 생각지 않는다. 그런데 인간 생활의 포괄적인 범

위에 이르면 유일하게 단일적인 질서만이 효율적이라고 여긴다.

⁴¹ 진정한 삶에 일치하는 사회적 관념 방향의 경우에 당연히 모든 방면으로부터 이의가 제기될 수밖에 없다. 진정한 삶이 모순을 야기하기 때문이다. 진정한 삶에 상응하는 사고를 하는 사람은 하나의 제도가 지니는 삶의 모순을 다른 제도를 통해 보정하는 제도를 실현시키고자 원해야 한다. 그는 자신의 사고 앞에 ≪이상적으로 좋은 것≫으로서 입증되는 제도가 실현되어야 하는 경우에, 그것이 아무 저항 없이 저절로 이루어지리라 믿어서는 **안 된다**. 각자의 이익을 얻기 위해서 생산하는 근대적 기관을 모든 이들의 소비를 위해 생산하는 기관으로 대체하려는 현재의 사회주의적 요구가 전적으로 정당하기는 하다. 그런데 그 요구를 **완전하게** 인정하는 바로 그 사람만, 생산 수단이 사적 소유에서 공동 소유로 전환되어야 한다는 사회주의적 귀결에 이르지 않을 것이다. 오히려 그 사람은 완전히 다른 결론을 인정하지 않을 수 없게 된다. "개인적인 숙련도에 근거해서 사적으로 생산된 것은 올바른 길을 거쳐서 공공에 공급되어야만 한다." 근대 들어서의 경제적 자극은 상품 생산량을 통해 수입을 창조해 내는 방향으로 나아갔다. 미래는, 필수적인 수요에 따라 협의를 통해서 최상의 생산 방식과 생산자로부터 소비자에 이를 길을 발견하는 방향으로 추구해야만 할 것이다. 생산 기업이 한 인물이나 단체와 연결되어 있는 상태는, 그 인물이나 단체의 개별적 능력에 의해 그 연결이 정당화되

는 동안에만 지속되도록 권리·법률 제도가 배려할 것이다. 생산 수단의 **공동 소유** 대신에 그 수단의 **순환 과정**이 사회적 유기체 내에 들어설 것이다. 그 순환 과정이, 개인적 능력을 통해 그 수단을 가능한 한 최상의 방식으로 공동체를 위해 유용하게 쓸 수 있는 인물들에게로 항상 새롭게 전환시킨다. 생산 수단과 한 인물 간의 관계가 지금까지는 사적 소유를 통해 실현되었지만, 이런 방식에서는 기간제로 성립된다. 기업의 관리자나 관리 보조자는 자신의 능력이 기대에 맞아 떨어지는 수입을 보장한다는 사실이 실은 생산 수단 덕분임을 알고 있기 때문이다. 생산 증가에서 나오는 이익의 전부는 아니더라도 역시 성과의 일부가 그들의 몫이 되기 때문에, 그들은 가능한 한 완벽한 생산품을 만들려고 애쓰게 된다. 법정 이자를 공제한 후 남는 정도에 따라 이익이 위에 설명한 의미에서만 공공으로 유입되기 때문에 생산의 증가는 결국 생산자에게 도움이 된다. 생산이 증가하면 생산자의 수입이 증가하듯이, 생산이 감소하면 생산자의 수입이 동일한 정도에서 적어진다는 점은 여기에 상술된 것의 정신에 이미 내재한다. 수입은 항상 관리자의 정신직 성과에서 나온다. 기업인의 정신 노동에 기인하지 않고, 생활을 영위하기 위한 힘들의 공동 작용에 그 근거를 두는 상황에 기인하는 이익에서 수입이 나오지는 않는다.

[42] 여기에 상술된 바와 같은 사회적 관념의 실현을 통해 오늘날 존재하고 있는 제도들이 완전히 새로운 의미를 얻게 되리라는 점을 알 수 있을 것이다. 소유가 지금까지 있어 왔던 것으로 더 이상

머물지 않는다. 그것은 공적 소유에서 표현되는 바와 같이 이미 극복된 형태로 소급되지 않고, 완전히 새로운 형태로 변화될 것이다. 소유 대상물들이 사회 생활의 흐름으로 유입될 것이다. 개인이 사적 이해관계로 소유 대상물을 공공의 손상이 되도록 관리할 수 없다. 그러나 공공 역시 관료주의적으로 그것들을 개인의 손상이 되도록 관리할 수 없게 된다. 적합한 개인이 그것을 통해 공공에 이바지할 수 있도록 그것에 대한 접근 권리를 얻을 수 있게 된다.

[43] 생산을 건강한 토대에 세우고 사회적 유기체를 공황의 위기로부터 보호할 자극의 실현을 통해 공공의 이해관계를 위한 감각이 발달될 수 있다. 경제 생활의 순환 과정에만 관계하는 행정이 역시 그 순환 과정에서 필수적으로 생겨나는 균형을 수반한다. 예를 들어서 일을 해서 저축한 돈을 빌려 준 사람들에게 한 기업이 이자를 지불할 수 없는 상태라 하더라도, 그 기업이 하나의 욕구에 부합한다고 인정된다면 다른 경제 업체에 종사하는 사람들이 자유로운 합의를 거쳐 모자라는 부분을 갹출해서 지원할 수 있다. 외부로부터 권리·법률 근거를 얻고, 드러나는 개인적 능력이 지속적으로 유입되는 완결된 경제 순환 과정은 자체적으로 오로지 경제에만 관계할 것이다. 그로써 경제 순환 과정이 상품 분배[8]를 사주할 수 있게 되고, 그런 상품 분배는 공정한 방식의 공동체가 지니는 부의 상태에 따라 얻을 수 있는 것을 모두에게 공급한다. 어떤 사람의 수입이 다른 사람보다 더 많은 듯이 보인다 하더라도, 그 《더 많은》 것은 그 사람의 개인적 능력으로 인해 결국은

공공에 유익하기 때문에 그렇다.

⁴⁴ 여기에 상술된 표상 양식의 조명 하에 형성되는 사회적 유기체는, 권리·법률 생활과 경제 생활의 지도자들 간에 이루어지는 합의를 통해서 권리·법률 생활에 필수적인 조세가 조정될 수 있다. 그리고 정신 조직의 유지를 위해서 필요한 모든 것은, 그것에 대한 자유로운 이해에서 나오는 지급이 사회적 유기체에 협력하는 개인들쪽에서 정신 조직으로 흘러들게 된다. 정신 노동을 위한 능력이 있는 개인들이 자유롭게 경쟁하면서 정당화하는 개인적 발안을 통해 정신 조직이 건강한 근거를 지니게 된다.

⁴⁵ 그러나 **오로지** 여기에 의도된 사회적 유기체에서만 권리·법률의 행정이 공정한 상품 분배를 위해 필수적인 이해를 발견할 것이다. 개별적인 생산 분야의 필요성에서 인간 노동을 이용하지 않고, 법이 가능하게 만들어 주는 것으로 경제 활동을 하는 경제 유

---

8) 생산 업체 간의 품목 분배. 공동체 내에 존재하는 실질적인 수요에 따라 이성적인 양을 생산하기 위해 업체 간에 협의해서 생산 품목과 양을 분배함으로써 잉여 생산물을 통한 비이성적인 낭비를 사전에 방지한다. 자본주의는 오늘날까지도 '최소한의 비용, 최대한의 이익'을 목표로 삼는다. 그 목표의 실천을 위한 대량생산은 무계획적인 지하자원 소비와 잉여생산물로 인한 지구환경 파괴의 원인일 뿐만 아니라 부당한 노동력 착취 등 많은 사회 문제의 불씨를 안고 있다. 1919년 5월 30일에 행한 기업가들과의 대담에서 루돌프 슈타이너는 '실천이 없는 목표'가 사회주의라면, 자본주의는 '목표가 없는 실천'이라고 하였다. 즉 사적 이기주의에 눈이 멀어서 어떤 공동체적 목표도 없이 비이성적으로 생산함으로써 결국은 전체 공동체를 병들게 만드는 실천이 자본주의라는 것이다. 삼지적 사회 유기체 내에서는 생산자, 교역자, 소비자 간의 협의를 통해서 수요에 상응하는 양을 생산하고 소비함으로써 공동체의 건강을 유지한다.

기체는, 사람들이 일한 성과에 따라 상품의 가치를 결정한다. 그런 경제 유기체는 인간 복지와 인간 존엄성으로부터 독립적으로 생겨난 상품 가치를 통해 규정되는 것을 사람들에게 시키지 않을 것이다. 그런 유기체는 순수하게 인간적인 관계에서 나오는 권리를 알아볼 것이다. 어린이들은 교육에 대한 권리를 얻을 것이며, 가장은 노동자로서 독신자보다 더 높은 소득을 얻게 된다. 사회 조직의 세 분야 모두가 합의해서 설립한 기관을 통해 ≪더 많은≫ 것이 그에게 지불된다. 공공 경제 상태에 따라 경제 조직의 행정이 교육에 필요한 수입의 가능한 액수를 측정하고, 법치국가가 정신 조직의 소견에 따라 개인의 권리를 규정함으로써 그런 기관들이 교육에 대한 권리에 상응할 수 있다. 여기에서도 역시 실재에 일치하는 사고 양식 안에, 그런 제안이 단지 하나의 예로서 기관들이 작용할 수 있는 **그 방향을** 보여 줄 뿐이라는 점이 들어 있다. 개별적인 경우에 있어서는 완전히 다른 양식의 기관 역시 옳다고 인정될 수 있다. 그러나 그 ≪옳은 것≫은, 사회적 유기체의 독립적인 지체들이 목적에 맞게 협력함으로써만 존재할 수 있다. 오늘날 실용적이라 생각들 하지만 실은 그렇지 않은 많은 것에 대조적으로, 이 상술의 근거로 놓인 사고 양식이 여기에서 진정으로 실용적인 것을 발견하고자 한다. 그 내부에서 사람들이 사회적으로 합목적적인 것을 발안하게끔 작용하는, 사회적 유기체의 지체가 그것이다.

" 어린이들에게 교육에 대한 **권리가** 있듯이, 노인들, 근로 무능력자들, 미망인들, 병자들은 생활비에 대한 권리가 있다. 아직 자체적인 활동 능력이 없는 이들의 교육을 위해 특성화된 자본 분담금과 유사한 방식으로 그런 사람들의 생활비를 위한 자본 근거가 사회적 유기체의 순환 과정에 유입된다. 이 모든 것에서 본질적인 것은, 스스로 돈을 벌지 못하는 사람이 받는 수입에 대한 규정이 경제 생활 자체에서 나와서는 안 되며, 거꾸로 그 관계를 위해 권리·법률 의식에서 나오는 것에 경제 생활이 의존한다는 사실이다. 스스로 생계를 유지할 수 없는 이들을 위해 더 많이 흘러 나갈수록, 하나의 경제 유기체 내에서 일하는 사람들은 그들의 노동을 통한 성과로부터 덜 받게 된다. 그러나 여기에 제안된 사회적 자극이 실현된다면, 그 《덜한 것》을 사회적 유기체에 참여하는 모든 이들이 균등하게 나누어서 떠맡게 된다. 경제 생활에서 분리된 법치국가를 통해 교육과 근로 무능력자의 생활비 같은 인류의 일반적인 관심사가 진정한 관심사로 변할 것이다. 권리·법률 조직의 영역 내에서는 **성인이 된 모든 사람들이** 동참해서 함께 논의할 수 있는 것이 작용하기 때문이다.

[47] 여기에 특성화된 표상 양식에 일치하는 사회적 유기체는, 한 인간이 자신의 개인적 능력을 근거로 해서 이루어 내는 부가적 성과 역시 공공으로 전환할 것이다. 이는 능력이 덜한 사람의 열등한 성과로 인한 생활비의 부족분을 공공에서 덜어 내는 것과 마찬가지다. 《부가가치》는 개인의 부당한 즐김을 위해서가 아니라, 사회적 유기체에 영적인 혹은 물질적인 재화를 제공할 수 있는 것

의 향상을 위해서, 그리고 그 유기체에 직접적으로 이바지할 수 없더라도, 유기체 자체 내에서 생성된 것을 장려하기 위해서 창조될 것이다.

⁴⁸ 사회적 유기체의 세 지체를 분리해서 유지하는 것이 단지 관념적 가치만 있을 뿐이며, 단일적으로 형성된 국가 유기체에서나 국가 영역을 포괄하는, 생산 수단의 공적 소유에 근거하는 경제 조합에서도 역시 그 지체들이 ≪저절로≫ 생긴다는 의견을 선호하는 사람은 삼지성이 실현되면 생길 수밖에 없는 사회 제도의 특이한 성격을 주시해야 한다. 그 제도에서는 예를 들어서 법적인 지불 수단으로서의 화폐를 국가 기관이 더 이상 인정할 필요가 없게 된다. 그 인정은 경제 조직의 행정 체제에 의해 계획된 조처에 근거하게 된다. 건강한 사회적 유기체 내에서 돈은, 타인이 생산한 상품과 스스로 생산한 상품을 경제 생활의 영역에 양도했기 때문에 비로소 경제 생활의 전체 영역에서 얻을 수 있는 상품들에 대한 지불 위탁이 될 수 있을 뿐이기 때문이다. 금전 왕래를 통해 하나의 경제 영역이 단일적인 경제가 된다. 누구든지 간에 전체 경제 생활을 통한 우회로에서 모두를 위해 생산한다. 경제 영역 내에서는 오직 상품 가치에만 관계한다. 정신 조직과 국가 조직에서 생겨나는 **성과** 역시 경제 영역을 위해서는 상품의 성격을 띤다. 교사가 학생에게 행하는 것이 경제 순환 과정을 위해서는 상품이다. 노동자에게 그의 노동력을 지불하지 않듯이, 교사에게 그의 개인적인 능력을 지불하지 않는다. 지불될 수 **있는** 것은, 그들

에게서 나와 경제 순환 과정에서 상품이 되고, 상품이 될 수 있는 것만 해당한다. 상품이 생기도록 하기 위해 자유로운 발안이 어떻게 작용해야 할지, 권리·법률이 어떻게 작용해야 할지는, 풍년이나 흉년의 곡물 생산량에 대한 자연력의 작용과 마찬가지로 역시 경제 순환 과정의 **외부에** 존재한다. 경제적인 성과로서 요구되는 것과의 관계에서 보자면 정신 조직은 물론 **국가 역시** 경제 순환 과정을 위해서는 개별적인 상품 생산자다. 단지 그들이 생산하는 것이 자체적인 영역 내에서는 상품이 아니고, 경제 순환 과정에 수용된 후에야 비로소 상품이 될 뿐이다. 그 양자는 자체적 영역 내에서 경제 활동을 하지 않는다. 그 양자가 이루어 낸 것을 경제 유기체의 행정 당국이 경영한다.

[49] 상품의(혹은 성과의) 순수하게 경제적인 가치는, 그것의 등가를 제시하는 화폐로 표현되는 한 경제 유기체 내에서 경제 **행정을** 형성하는 도구가 되는 합목적성에 의존하게 된다. 사회적 유기체 내의 다른 지체들에 의해 이루어지는 정신적 근거와 권리·법률적 근거에서 경제적 생산성이 어느 정도로 전개될 수 있는지가 이 행정의 조처에 의존하게 된다. 그러면 한 상품의 화폐 가치는, 그 상품이 수요에 상응하는 양만큼만 경제 유기체의 조직을 통해 생산된다는 것을 위한 표현이 된다. 이 상술에서 제시된 조건이 실현된다면, 막연한 생산량을 통해 부를 축적하려는 자극이 경제 유기체 내에서 결정적인 작용을 하지 않게 된다. 생성되어서 무수하게 다양한 방식으로 서로 연결되는 조합들을 통해 상품 생산을 수요

에 맞출 것이다. 그렇게 함으로써 사회적 유기체 내에 그 수요에 상응하는 관계가 화폐 가치와 생산업체 사이에 생겨날 것이다.* 건강한 사회 유기체에서 화폐는 실제로 단지 가치 척도에 불과하다. 모든 동전이나 지폐의 배후에는, 금전 소유자가 단독적으로 그것을 획득할 수 있도록 한 상품 공정이 존재하기 때문이다. 금전이 방금 특성화한 의미를 소실하는 경우에, 소유자를 위해 금전의 가치를 제거하는 제도[9]가 상황의 성격 자체에서 필수적으로 생겨나게 한다. 그런 제도가 이미 언급되었다. 금전 소유는 일정 기간이 지난 후에 적정한 형태로 공공으로 전환된다. 그리고 생산업체를 통해 운용되지 않는 금전을 소유하는 식으로 경제 조직의 조처를 위반할 수 없도록 하기 위해 가끔 새로 주조하거나 새로 인쇄할 수 있다. 그런 상황에서 역시 자본을 통한 이자 수입이 해가

---

* 이런 방식으로 세 지체가 자유롭게 협력해서 형성되는 사회적 유기체의 행정을 통해서만 생산된 상품의 건강한 가격 관계가 경제 생활을 위한 결과로 나온다. 생산된 상품의 건강한 가격 관계는 그렇게 되어야만 한다. 모든 노동자가 하나의 산물을 위해, 같은 노동에서 나오는 산물을 다시금 생산했을 때까지 그 자신과 그가 부양하는 사람들의 전체적인 필요를 충족시키는 데에 필수적인 바로 그만큼의 등가를 받도록 가격 관계가 이루어져야 한다. 그런 가격 관계는 관청의 결정을 통해서 이루어지지 않는다. 그것은 사회적 유기체 내에서 활동하는 연합들의 활기 찬 **협력의 결과로서 생겨나야** 한다. 그 협력이 세 가지 조직 지체의 건강한 교류에 근거한다면 그것이 **들어설 것이다**. 올바른 수학적, 기계적 법칙에 따라 교량을 건설하면 교량이 견고한 것과 마찬가지로 확실하게 그 상태가 생겨난다. 사회 생활은 교량 건설을 위한 법칙을 따르지 않는다는, 수긍이 가는 이의 역시 당연히 제기될 수 있다. 그러나 이 책의 상술에서 사회 생활의 근저에 수학적 법칙이 아니라 바로 **생동적인 것이** 어떻게 놓여 있다고 생각하는지, 그 점을 인식할 수 있는 사람은 절대로 그런 이의를 제기할 수 없을 것이다.

흘러가면서 점점 적어지는 결과가 나온다. 상품이 소모되듯이 금전도 역시 소모된다. 그럼에도 불구하고 국가에 의해 강구되는 조처가 정당화될 것이다. ≪복리≫는 있을 수 없게 된다. 저축을 한 사람은 미래에 상품-반대급부를 요구할 수 있는 성과를 이룬 셈이기는 하다. 그러나 현재의 성과는 현재의 반대급부로만 교환할 수 있듯이, 그 요구가 단지 일정한 기한까지만 가능하다. 왜냐하면 과거에 기인하는 요구는 현재의 노동 성과를 통해서만 충족될 수 있기 때문이다. 그런 요구가 경제적인 폭력 수단이 되어서는 안 된다. 그런 전제 조건의 실현을 통해 **통화 문제가** 건강한 토대 위에 세워질 것이다. 다른 상황에서 어떻게 **금전 형태가** 형성되는 지에 무관하기 때문이다. **통화는** 전체 경제 유기체의 행정을 통해 그것을 위한 이성적인 제도가 될 것이다. **법률을** 통해 국가가 통

---

9) 기업가와 노동자 간의 임금 관계가 권리·법률 생활에 속하는 경우에 금전, 돈은 상품의 순수한 가치를 표시할 뿐이다. 그렇기 때문에 돈 역시 물건과 마찬가지로 세월이 흐르면서 가치가 상쇄되어야 한다. 시간이 갈수록 돈이 이자로 불어난다는 생각은, 노동력을 상품처럼 살 수 있다는 생각만큼이나 실제에서 거리가 멀고 반사회석이다. 슈타이너는 화폐 발행을 기간제로 해서 오래된 돈과 새 돈의 구분이 가능한 방식을 고안해 내야야 한다고 주장했다. 예를 들어서 올해 발행한 만 원은 아직 만 원의 가치를 지니지만 내년이 되면 가치가 구천 원으로 하락한다. 돈의 가치가 세월이 흐르면서 떨어지기 때문에, 또한 복리라는 것이 없기 때문에 돈을 축적해서 그 이자로 부를 계속 누리며 소비적으로 살아갈 가능성이 없어진다. 돈의 가치가 완전히 상쇄되기 전에 생산 활동을 하려는 사람에게 가치가 덜한 낡은 돈을 기부하거나 빌려 주려는 정서가 생겨나기 마련이고, 대출받은 돈으로 생산 활동을 하는 사람은 오늘날의 상황과는 정반대로 해가 더할수록 원금과 이자 상환의 부담이 덜해진다.

Ⅲ. 자본주의와 사회적 관념들 145

화 문제를 만족스러운 방식으로 절대로 해결할 수 없다. 오늘날의 국가들이 그들 입장에서의 해결을 포기하고, 국가로부터 분리된 경제 유기체에 필수 사항을 넘겨 줄 때에만 통화 문제가 해결될 것이다.

[50] 현대적 노동 분업에 관해, 생산 시간 단축, 상품 완성도, 상품 교환 등 노동 분업의 효과에 관해 많이 논해진다. 그러나 노동 **성과**에 대한 개별적 인간 관계에 노동 분업이 어떤 영향을 미치는지는 거의 고려하지 않는다. 노동 분업을 하도록 형성된 사회적 유기체 내에서 일을 하는 사람은 사실 자신의 수입을 절대로 자기 스스로 **벌지** 않는다. 사회적 유기체에 관여하는 다른 **모든** 이들의 노동을 통해 수입을 얻는다. 자신이 입을 치마를 스스로 만드는 재봉사가 그 치마에 대해 지니는 관계는, 생활을 위해 필요한 모든 것을 스스로 해결해야 했던 원시적 상태에 살았던 사람과는 다르다. 다른 사람들을 위해 원피스를 만들 수 있기 위해 자신의 치마를 만든다. 즉 그 재봉사를 위한 치마의 **가치는 전적으로** 다른 사람들의 성과에 의존한다. 그 치마는 사실 생산 수단이다. 그런 것은 개념 분석에 불과하다고 말하는 사람들도 있을 것이다. 그러나 경제 순환 과정 내에서 상품의 **가치 형성을** 주시하는 즉시, 그런 생각을 더 이상 할 수 없게 된다. 그러면 노동 분업에 근거하는 경제 유기체 내에서는 아무도 자신을 위해서는 절대로 일할 수 없다는 사실을 인식할 수 있을 것이다. 오로지 타인을 위해서만 일

할 수 있고, 자신을 위해서는 타인이 일하도록 할 수 있을 뿐이다. 인간이 스스로를 먹어 치울 수 없는 것과 꼭 마찬가지로 스스로를 위해서 일할 수는 없다. 그런데 노동 분업의 본성에 모순이 되는 제도를 만들 수 있다. 개인이 사회적 유기체 내의 위치를 통해서만 이루어 낼 수 있는 성과를 그 개인에게 소유물로 양도할 수 있게끔 하는 것만 상품 생산의 목표로 삼을 경우에 그런 제도가 생겨난다. 사회적 유기체 내에서 사람들 각자가 전체 유기체의 상황에 따라 살도록 노동 분업이 사회적 유기체를 촉진한다. 노동 분업은 **경제적으로** 이기주의를 배제한다. 그 이기주의가 계급 특권이나 그와 유사한 형태로 여전히 남아 있다면 사회적으로 불안한 상태가 생겨나서 사회적 유기체에 동요가 일어나게 된다. 현재 우리가 바로 그런 상태에 처해 있다. 노동 분업이라는 비이기적 활동에 따라 권리·법률 관계와 다른 것들이 이루어져야 한다고 요구하면 상당수의 사람들은 전혀 심각하게 여기지 않을 수도 있다. 그런 사람은 자신의 전제 조건에 따라 일관성 있는 결론을 내려야 한다. 그 결론은 이렇다. "아무것도 전혀 할 수 없다. 사회 운동은 아무것에도 이를 수 없다." **실재에** 정당성을 부여하려 하시 않는다면 사회 운동에 있어서 유용한 어떤 것도 할 수 없다. 여기에 제시된 상술에서 나온 사고 양식은, 인간이 사회적 유기체 내에서 해야 할 것을 바로 그 유기체의 생존 조건에서 나오는 것에 따라 편성하고자 한다.

⁵¹ 노동자에 대한 관리자의 관계가 경제적 유기체로부터 해체되어야 한다는 사실을 듣게 되면, 익숙한 제도에 따라서만 개념을 형성할 수 있는 사람은 당연히 두려워한다. 그런 해체에 필수적으로 화폐의 가치 절하가 따르고, 원시적 경제 상태로 환원된다고 믿기 때문이다.(라테나우 박사가 『홍수 이후에』라는 저서에서 그런 의견을 표현하였다. 그러나 그런 의견은 **그의** 입장에서 정당해 보일 뿐이다.) 그런 위험은 사회적 유기체의 삼지성을 통해 저지될 것이다. 그 자체에 근거하는 경제 유기체는 권리·법률 유기체와 연합해서 권리·법률에 근거하는 노동 관계로부터 금전 관계를 완전히 분리해 낸다. 권리·법률 관계가 금전 관계에 직접적으로 영향을 미칠 수 없게 된다. 금전 관계는 경제적 유기체의 행정에서 나오는 결과이기 때문이다. 관리자와 노동자 간의 권리·법률 관계는 금전가치 내에 절대로 일방적으로 표현될 수 없게 된다. 왜냐하면, 상품과 노동력의 교환 관계를 제시하는 임금을 제거해 버리면 금전가치가 상품(그리고 성과)의 상호 가치를 위한 기준만 되기 때문이다. 사회적 유기체를 위한 삼지성이 지니는 **작용의** 고찰에서, 그 삼지성이 지금까지의 국가 형태에는 존재하지 않는 제도로 이끌어 가리라는 확신을 얻어야만 한다.

⁵² 그리고 그 제도 내에서 오늘날 계급 투쟁으로서 감지되는 것을 근절할 수 있게 된다. 경제 순환 과정 내에 노동에 대한 임금이 얽혀 있다는 사실에서 그 **계급 투쟁**이 기인하기 때문이다. 이 책은 낡은 **소유 개념**과 마찬가지로 **노동에 대한 임금**이라는 개념 역

시 변화되어야 하는 그런 사회적 유기체의 형태를 서술하고 있다. 그러나 그 변화를 통해서 사람들 간에 **생존 가능한** 사회 관계가 이루어질 것이다. 경솔한 판단만이 여기에서 상술된 것의 실현으로는 시간제 보수를 상품 생산량에 따른 임금으로 전환하는 식과 별 다를 바가 없다고 여길 수 있다. 주제에 대한 단편적인 견해가 그런 판단을 내리도록 할 수도 있다. 그러나 **여기서는** 그 단편적인 견해가 옳다고 설명되지 않는다. 여기에서의 중점은 **사회적 유기체의 전체적인 제도와의 연계 내에서** 관리자와 노동자가 공동으로 이룬 성과에 관련해 계약적인 분배 관계를 통한 임금 지불 관계의 해체다. 노동자의 몫이 되는 생산 성과의 한 부분을 생산량에 따른 임금으로 간주하는 사람은 한 가지 사실을 알아보지 못하는 것이다. **여기의 이** ≪생산량에 따른 임금≫(실은 ≪임금≫이 전혀 아니지만)이 성과물의 **가치 속에,** 사회적 유기체의 다른 구성원에 대한 노동자의 사회 생활 상태를 일방적이고 경제적으로 조건지었던 계급 지배에서 생성된 관계와는 완전히 다른 관계로 만드는 양식으로 드러난다는 점이다. 계급 투쟁의 근절에 대한 요구가 그로써 해결될 수 있다. 그리고 **발달** 사체가 사회 문제의 해결을 수반하기 마련이며, 실현되어야 할 견해를 제시할 수는 없다고 여기는, 주로 사회주의적 범주에 속하는 의견에 동의하는 사람에게는 이렇게 대답할 수 있다. "물론 발달이 필수적인 것을 수반할 것이다. 그러나 사회적 유기체 내에서는 인간의 관념 자극이 **실재**다. 세월이 조금 흘러간 후에, 오늘날에는 그저 생각되어질

Ⅲ. 자본주의와 사회적 관념들 149

뿐인 그것이 **실현**된다면, 그러면 그 실현된 것이 발달에 내재해 있게 될 것이다." 그리고 《발달만》 중시하고 열매를 맺을 수 있는 관념의 제시에는 무심한 사람들은, 오늘날 생각되는 것이 발달의 상태가 되어 버린 그때까지 판단을 유보해야만 한다. 그런데 그렇게 하면 **현재의** 사실에서 이미 요구되는 특정한 것들을 성취하기에는 **너무 늦을** 것이다. 사회적 유기체에서는 발달을 자연에서처럼 **객관적으로** 고찰할 가능성이 없다. 그 발달이 일어나도록 인간이 **작용해야만** 한다. 그렇기 때문에 자연 과학에서 《증명하듯이》 그렇게 사회적으로 필수적인 것을 《증명하려는》 태도를 대하고 있다는 사실이 건강한 공동체적 사고를 위해서는 숙명적 불운이다. 사회 생활의 파악에서 《증명》은, 이미 **현존하는 것에** 들어 있는 것뿐만 아니라 인간 자극 속에 — 흔히 인간이 알아차리지 못하더라도 — 싹처럼 존재하고 현실화되려는 **바로 그것을** 자신의 관조로 수용할 수 있는 사람에게만 주어진다.

[53] 사회적 유기체의 삼지성이 인간 공동체 생활의 본질적인 것에서 그 설립 근거를 보여 주게 될 결과 중에 하나는 사법 활동이 국가 기관에서 분리된다는 사실이다. 국가 기관은 사람들 사이나 집단 사이에 존재해야 하는 법률을 제정할 책임을 지닌다. 그러나 판결 성립 자체는 정신 조직에서 형성된 기관에 속한다. 판결 성립은 판결하는 사람이 판결받아야 할 사람의 개인적 상황에 대한 감각과 이해를 지닐 것이라는 그 가능성에 고도로 의존한다. 그런 감각과 이해는, 사람들이 정신 조직의 기관에 매료되게끔 만드는

신뢰 조직이 법정을 구성할 권위를 지니는 경우에만 존재할 것이다. 정신 조직의 행정 기구가 다양한 정신적 직업 계층에서 선별한 사람들을 재판장으로 임명할 수 있다. 그 사람들은 일정 기간이 지난 후에 다시 자신의 직업으로 돌아갈 것이다. 그러므로 오 년이나 십 년 정도의 일정 기간제로 선별된 인물들 중에서, 누구든지 사법상의 혹은 형법상의 문제가 생기면 판결을 내리도록 부탁할 정도로 신뢰하는 사람을 선택할 가능성을 지닌다. 각자의 거주 범위 내에 그 선택이 의미가 있을 정도로 충분한 수의 재판장이 항상 존재할 것이다. 그래서 원고는 항상 피고를 위한 담당 판사에게 문의할 수 있게 된다. 그런 제도가 오스트리아·헝가리 지역에서 어떤 결정적인 의미를 지녔을지 숙고해 보라. 여러 언어들이 사용되는 지역에서는 각 소수 민족의 구성원이 그 민족을 위한 판사를 선택할 수 있었을 것이다. 오스트리아의 상황을 알고 있는 사람은 그런 제도가 각 소수 민족 간의 생활을 조정하기 위해 얼마나 많은 역할을 할 수 있는지 알 수 있다. 그러나 민족성 외에도 더 많은 생활 영역이 있고, 그런 것이 건강하게 개진될 수 있도록 그런 제도가 유익한 의미에서 작용할 수 있다. 좁은 범위의 (전문적인)[10] 법률 지식을 위해서는 공무원들이 이미 설명된 방식으로 구성된 판사와 법정을 보조할 것이다. 그 공무원들 역시, 스스로는 재판에 임하지 않는 정신 조직의 행정 기구가 임명한다. 마찬

---

10) 독자의 이해를 돕기 위해 역자가 첨가함.

가지로 항소 법원 역시 그 행정 기구가 형성한다. 그런 전제 조건이 실현됨으로써 발생하는 그 생활 본성 내에, 판사가 판결을 내려야 할 사람의 생활관습과 감각 양식에 밀접한 관계에 있을 수 있고, 일정 기간 동안에만 임하는 판사직 외의 생활을 통해 재판을 받아야 하는 사람의 생활 범주를 잘 알 수 있다는 사실이 담겨 있다. 건강한 사회적 유기체가 그 제도 내 어디에서나 그것의 생활에 관여하는 인물들의 사회적 이해를 양성하게 되듯이, 사법 활동에서도 그렇게 될 것이다. 판결의 집행은 법치국가의 몫이 된다.

⁵⁴ 여기에 상술된 것의 실현을 통해 이미 제시된 사항 외에 다른 생활 영역을 위해 필수적인 제도를 당장 설명할 필요는 없을 듯하다. 그에 대한 설명은 당연히 한정시킬 수 없는 공간을 차지할 것이다.

⁵⁵ 상당수가 생각할 수도 있듯이 — 그리고 필자가 여기저기서 상술된 내용을 구두로 강연하는 경우에 실제로 믿어 버리듯이 — 근거로 놓인 사고 양식이 세 가지 계급, 즉 생산 계급, 방어 계급, 교원 계급의 쇄신에 관한 주제를 다루지 **않는다는** 사실을 제시된 개별적인 생활 제도들이 보여 주었다. 그 계층 분류의 정반대를 추구한다. 계급이든 계층이든 인간이 **사회적으로** 분류되지 않으며, 사회적 유기체 자체가 분리될 것이다. 그러나 바로 그렇게 됨으로써 인간이 진정으로 인간이 될 수 있을 것이다. 왜냐하면, 그 분리가 인간을 자신의 삶과 함께 세 지체 모두에 뿌리내리도록 하기

때문이다. 직업을 통해 참여하는 사회적 유기체의 지체 내에서 인간은 실질적인 흥미를 가지고 참여할 것이다. 그리고 다른 지체들이 생동적인 관계를 적극적으로 요구하는 상태에 있기 때문에 인간이 다른 지체들에 대해 생동적인 관계를 지니게 될 것이다. 인간으로부터 분리해 낸, 인간의 생활 근거를 형성하는 사회적 유기체는 세 부분으로 나뉘게 된다. 그리고 인간으로서의 각자가 그 세 지체를 연결하는 존재가 될 것이다.

Ⅳ. 사회적 유기체들의 국제 관계

⁰¹ 건강한 사회적 유기체의 내부 지체들이 국제 관계 역시 삼지적으로 만든다. 각기의 세 영역이 다른 사회적 유기체들의 해당 영역에 독립적인 관계를 지니게 된다. 한 국가 영역의 경제 관계는, 법치국가들의 관계로부터 직접적인 영향을 받지 않고 다른 곳의 경제 관계에 대해 직접 성립된다.* 반대로 법치국가들의 관계 역시 일정한 한계 내에서 경제 관계로부터 완전히 독립적으로 형성된다. 관계의 **생성 중에** 존재하는 독립성으로 인해 분쟁이 일어

---

* 이에 대해 권리·법률 관계와 경제 관계가 실재에 있어서 전체를 형성하고 상호 간에 분리될 수 없다는 이의를 제기하는 사람은, 여기에서 의도하는 지체화의 중점이 무엇인지 고려하지 않는다. **전체적인** 교류 과정에서는 그 두 관계가 당연히 전체로서 작용한다. 그러나 권리·법률을 경제적 필요성에 따라 형성하는지 아니면 근본적인 권리·법률 감각에 따라 형성하고, 거기에서 나오는 것을 경제 교류에 함께 작용하게 하는지, 그 양 방향은 조금 다른 것이다.

나는 경우 상호 조정하는 작용을 할 수 있게 된다. 사람들의 공생을 위해 국경이 별 의미 없어 보이게 만드는 개별적인 사회적 유기체들의 이해관계가 생겨날 것이다. 개별적인 국가 영역의 정신 조직들이 서로 간에 인류 공통의 정신 생활에서**만** 생겨나는 관계를 맺을 수 있게 된다. 정신적 성과에 대한 인정이 정신적 유기체의 행정 기구가 아니라 법치국가에 의존하는 경우에는 불가능한 관계를, 국가로부터 독립적이고 자체로서 존재하는 정신 생활이 형성하게 된다. 이 관계에서는 아주 분명한 국제적인 학문의 성과와 다른 정신 영역의 성과 사이에 어떤 차이도 생기지 않는다. 하나의 정신 영역이 한 민족 고유의 언어와, 그 언어와의 직접적인 연관성에서 나오는 모든 것을 역시 보여 준다. 민족의식 자체가 이 영역에 속한다. 한 언어 영역의 사람들이 그들의 민족문화를 정당화하기 위해서 국가 조직이나 경제적 폭력을 이용하려 하지 않는다면, 다른 언어 영역의 사람들과 인위적인 분쟁에 얽혀 들지 않는다. 한 민족문화가 여타 민족문화에 비해 더 큰 확산력과 정신적 풍부함을 지닌다면 그것의 확산은 정당하고, 그 확산이 정신적 유기체에 의존하는 기구를 통해서 일어난다면 평화롭게 실행될 것이다.

[02] 언어와 민족문화의 공통성으로부터 발달된 인류 집단들 측에서 사회적 유기체의 삼지성에 대해 현재 가장 날카로운 저항을 키우고 있다. 새 시대의 삶의 필수성에서 점점 더 의식적으로 인류를 전체로 생각해야만 한다는 목적으로 그 저항은 파괴되어야만

할 것이다. 인간이 강한 활력으로 인류의 모든 다른 부분과 연결할 때에만 부분적 인류 각기가 진정으로 인간 존엄적인 현존에 이르 수 있다는 사실을 감지할 것이다. 민족 집단은 다른 자연적 자극들과 더불어 법률적 공통성과 경제적 공통성을 역사적으로 형성한 원인이다. 그러나 민족성을 키운 그 힘들은, 국가 기구들과 경제 조합들이 상호 간에 발달시키는 그 관계를 통해 억제되지 않는 상호 작용 내에서 전개되어야만 한다. 민족 공동체가 사회적 유기체의 내적인 삼지성을 실천해서 각 지체들이 다른 사회적 유기체들에 대해 자신의 독립적인 관계를 전개시킬 수 있을 때에 그것이 이루어진다.

[03] 그렇게 함으로써 민족, 국가, 경제 기구들 간에, 각 지역의 인류를 다른 지역의 인류와 연결하는 **다양한 형태의** 관계들이 이루어져서, 각자가 자신의 이해관계 속에서 타인의 삶을 동감하게 된다. 국제 연맹이 실재에 상응하는 근본 자극에서 **생성된다**. 일방적인 법률관을 통해 그것을 ≪규정할≫ 필요가 없어진다.*

[04] 여기에 상술된 사회적 유기체의 목표들이 실로 인류 전체를 위해 유효하지만, 다른 나라들이 그 실현에 대해 잠정적으로 어떤 태도를 취할지에 무관하게 **하나의 개별적** 사회적 유기체가 실현할 수 있다는 점은 실재에 부합하는 사고를 위해 특별한 의미로 다가올

---

* 그런 것에서 ≪이상향≫을 보는 사람은, **진실에 의하면** 삶의 실재가 그에게는 이상향으로 보이는 제도를 추구한다는 점을, 그리고 그런 제도가 존재하지 않기 때문에 그 실재가 손상된다는 점을 고려하지 않는다.

수밖에 없다. 사회적 유기체가 자연스러운 세 영역으로 지체화되면, 비록 다른 나라들이 그런 지체화를 아직 시작하지 않았다 하더라도 그 지체화된 영역의 대표들이 단일적인 단체로서 다른 나라들과 국제 관계를 맺을 수 있다. 그런 지체화를 앞장서서 한다면, 그 사람은 공동체적 인류 목표를 위해 작용하는 것이다. 실행해야 할 일은 회담이나 의회의 규정을 통해서라기보다, 진정한 인류 자극에 뿌리박은 목표를 **생활에서** 증명하는 힘을 통해서 더 많이 관철될 것이다. 실재를 근거로 해서 그 목표가 **사고된다**. 즉 실생활에서, 인간 공동체의 각 지점에서 그것을 추구할 수 있다.

[05] 지난 수십 년간 민족 생활과 국가 생활에서 발생하는 과정들을 이 상술이 보여 주는 것과 같은 관점에서 추적했던 사람은, 어떻게 역사가 되어 버린 국가 형태들이 정신 생활, 권리·법률 생활, 경제 생활을 통합한 채 재난으로 치닫는 국제 관계로 들어섰는지를 지각할 수 있었다. 그와 마찬가지로 그 사람은, 무의식적인 인류 자극에서 나오는 저항력이 어떻게 삼지성을 가리키는지도 역시 볼 수 있었다. 이 삼지성은 광신적 단일성을 불러일으킨 혼란을 치료하기 위한 처방이 될 것이다. 그러나 ≪권위 있는 인류 지도자들의≫ 삶이, 오랫동안 준비되어 온 것을 볼 수 있는 상태로 조절되어 있지 않았다. 1914년 봄과 초여름에, 인간적 예측을 따른 정부의 노력으로 유럽의 평화가 확실히 유지되고 있다고 ≪정치가들이≫ 말하는 것을 들을 수 있었다. 그 ≪정치가들은≫ 스스로의 말과 행동이 실제 진행되는 상황과 더 이상 아무 연관이

없다는 사실을 전혀 모르고 있었다. 그럼에도 불구하고 그들은 ≪실용가≫로 인정받았다. 그리고 ≪정치가들의≫ 의견에 대조적으로, 전쟁의 참상이 일어나기 전 몇 달 동안, 마지막으로는 빈에서 이 상술의 필자가 소수의 청중들 앞에서(많은 청중들 앞에서였더라면 아마도 비웃음을 당했을 것이다) 말하였던 바와 같은 의견을 지난 수십 년 동안 형성하였던 자를 당시에는 분명히 ≪몽상가≫로 치부했었다. 위협적인 것에 대해서 그는 대략 다음과 같이 말했었다. "현재 지배적인 생활 경향은 결국 자멸에 이르기까지 점점 더 강화될 것이다." 사회 생활을 정신적으로 투시하는 자가 당시에, 어떻게 끔찍한 경향이 사방에서 사회적인 암의 형성으로 발달하는 지를 주시하였다. 그것은 현존을 투시하는 자에게 생기는, 문화에 대한 깊은 우려다. 끔찍한 일이다. 너무나 걱정스러운 일이며, 삶의 과정에 대한 다른 모든 인식을 위한 온갖 열정을 정신 인식의 학문이라는 수단으로 억제할 수 있다 하더라도, 그렇다 하더라도 치료 방법을 말하면서 그에 대한 내용을 세상을 향해 문자 그대로 **소리 질러 버리고** 싶은 상태로 만들 정도다. 사회적 유기체가 지금까지 해 온 대로 계속해서 발달한다면 문화가 파괴되고, 사회적 유기체를 위해 그 문화의 파괴는 인간의 자연적 유기체에서 **암의 형성에** 해당하는 것과 똑같다. 그러나 인생관을 지배하는 세력들은 그들이 볼 수도 없고, 보고 싶지도 않은 삶의 근거 위에, 다양한 인간 공동체들이 상호 간에 토대를 굳힐 수 있도록 하기에 적합한 조처 대신에 생겨나지 말았어야 할 조처로 이끄는 자극들을 형성하였다. 현재의 세계 참상에 대한 직접적인 원인 중에 사회 생활의 불가피성이 어떤 역할도 하지 않았다고 믿는 사람은, 그 ≪정치가들이≫ 이 사회적 불가피성을 그들의 의지내용으로 수용했을 경우에, 전쟁으로 몰아간 국가들의 정치적 자극들에서 과연 어떤 일이 일어났을지 숙고해 보아야만 한다. 그리고 결국은 폭발할 수밖에 없었던 가연성 물질을 만드는 일 외에, 그런 의지내용을 통해 다른 것을 실행했었더라면 어떤 일이 일어나지 않았을지를. 지난 수십 년간 국제 관계 내에, 인류의 과거에 속하는 사회생활의 결과로서 생겨난 만성적인 암을 주시했다면, 그 지배 세력 내에서 사회적 의지가 수용했던 표현을 대면해서 보편적, 인간적 정신 의향 안에 존재했던 인물이 왜 이미 1888년에 다음과 같이 말했어야 했는지를 이해할 수 있다. "목표는 이렇다. 전체 인류를 그 최종적 형상에서, 숭고한 동기만 따르면서 함께 계속해서 움직이는 형제들의 제국으로 만드는 것이다. 유럽지도에서만 역사를 추적하는 자는, 상호 간의 일반적인 살인이 우리의 가까운 장래를 가득 채우리라 믿을 수 있다." 그러나 "인간 삶의 진정한 선(善)을 향한 길"이 발견되어야만 한다는 생각만 인간 존엄을 위한 의미를 올곧게 세울 수 있다. 비록 그 생각이 "우리와 우리의 이웃이 지닌 끔찍하게 호전적인 무장에 조화될 수 없어 보인다 하더라도, 본인은 그 생각에 확신을 가지고 있으며, 어떻든 간에 더 나아지지 않는다면 공동의 결정을 통해 인간의 삶을 폐지하고 자살의 날을 공식적으로 확정해야 한다고 그 생각이 우리를 일깨워야만 한다."(그렇게 헤르만 그림이 1888년 그의 저서 『15편의 논술, 넷째 편, 지난 5년 동안』의 46쪽에 서술했다.) 그 ≪호전적인 무장≫은 과연 무엇인가? 새 시대의 발달로 인해 민족들의 건강한 공생을 부정하는 단일적인 국가 형태를 계속해서 유지하고자 했던 인물들의 조처였을 뿐이다. 그러나 그런 건강한 공생은 새 시대의 삶의 불가피성에서 형성되는 사회적 유기체를 통해서만 이루어질 수 있다.

[06] 오스트리아·헝가리의 국가 형태는 반세기가 넘도록 쇄신을 촉구하였다. 다양한 민족 공동체에 뿌리박은 정신 생활이 새로운 형태를 요구하였으며, 시대에 뒤떨어진 낡은 자극들에서 형성된 단일국가가 그 새로운 형태의 발달에 방해 요소가 되었다. 세계 대전이라는 참상의 시발점이 되는 세르비아·오스트리아 분쟁은, 단일국가의 정치적 국경이 특정한 시점에 이르면 민족 생활을 위해 어떤 문화 국경도 되어서는 안 된다는 사실에 대한 전적으로 타당한 증거다. 그 자체로서 존재하고, 정치적 국가와 그 국경으로부터 독립적인 정신 생활이 그런 경계를 넘어서서, 각 민족들의 목표와 조화를 이룰 수 있는 방식으로 발달할 가능성이 있었다면, 정신 생활 내에 그 뿌리를 둔 분쟁이 정치적 재난으로 폭발할 필요는 없었을 것이다. 오스트리아·헝가리에서 ≪정치가답게≫ 생각한다고 자만했던 모든 이들에게는 그 방향을 목표로 한 발달이 완벽한 불가능으로, 심지어는 순전히 바보 같은 일로 보였다. 그들의 사고습관이, 민족적 공통성의 경계와 국경은 일치해야 한다는

표상 외에 다른 어떤 것도 허락하지 않았다. 교육 제도와 정신 생활의 다른 부문을 포괄하는 정신적 기구들이 국경을 넘어서서 형성될 수 있다는 점을 이해한다는 자체가 그 사고습관에는 불쾌하게 거슬렸던 것이다. 그럼에도 불구하고, 이 ≪생각할 수 없는 것들≫이 바로 국제 생활을 위한 새 시대의 요구 사항이다. 실질적으로 사고하는 사람은 외관상의 불가능성에 매달려서, 그 요구 사항이 지니는 의미에서의 제도가 도저히 극복할 수 없는 난관에 부딪칠 것이라 믿어서는 안 된다. 오히려 그 난관을 극복하기 위해 모든 노력을 집중해야만 한다. 새 시대의 요구 사항에 부합될 수도 있었던 방향으로 ≪정치가적인≫ 사고를 이끄는 대신에 그 요구 사항과는 반대로 단일적인 국가를 유지하려는 제도를 형성하고자 노력했다. 그로 인해 국가가 점점 더 몰상식한 형상을 띠게 되었다. 그리고 20세기의 20년대에 이르러서는 낡은 형태에서의 자기 존속을 위해 더 이상 아무것도 할 수 없이 해체되기만 기다릴 수밖에 없었거나, 내적인 불가능성을 전쟁이라는 조처에 근거하는 외적인 폭력을 통해 유지할 수밖에 없는 상태를 목전에 두었다. 1914년 오스트리아·헝가리의 ≪정치가들≫을 위해서는 다음과 같은 것만 남아 있었다. "건강한 사회적 유기체의 생존 조건을 위한 방향으로 그들의 의도를 돌려서, 새로운 신뢰를 일깨울 수 있었던 의지로서 그것을 공표했어야만 했거나, 혹은 구시대적인 것의 존속을 위해 전쟁이 일어나도록 **하지 않을 수 없었다.**" 1914년에 발생했던 것을 이런 저변으로부터 판단하는 자만, 책임 문제에 대해 올바르게 생각할 수 있다. 다수의 민족 공동체가 오스트리아·헝가리 국가 형태에 관여했었기 때문에 무엇보다도 건강한 사회적 유기체를 발달시킬 세계 역사적 과제가 그 형태에 부여되었었다. 그런데 그 과제를 간과하였다. 세계 역사적 발달의 정신에 적대적인 그 과오가 오스트리아·헝가리를 전쟁으로 몰아갔다.

[07] 그리고 독일제국? 그 제국은 새 시대적 요구 사항이 건강한 사회적 유기체를 향한 구현을 추구하던 시기에 건립되었다. 그 구현이 독일제국에 세계 역사적인 현존 정당성을 부여할 수 있었을 것이다. 공동체적 자극의 전개를 위해 세계 역사적으로 예정된 지역으로 보일 수 있었을 만큼, 중부 유럽의 이 제국에서 공동체적 자극이 결집되었다. 공동체적 사고, 그것이 여러 곳에서 등장하였다. 그리고 독일제국에서 공동체적 사고가 특별한 형상을 띠었고, 그 형상에서 어디로 그것이 밀고 나가는지를 알아볼 수 있었다. 그것이 제국을 위한 작업-내용으로 이끌어 갔어야만 했다. 그것이 제국의 지도자들에게 과제를 부여했어야만 했다. 역사 자체의 힘에 의해 청구되었던 작업-내용이 새로이 건립된 그 제국에 부어되었다면, 현대 민족들의 공생 속에 그 제국의 정당성이 증명될 수 있었을 것이다. 그 과제와 함께 숭고함으로 향하는 대신에, 일상적인 요구 사항에서 나오는 《사회 개혁》에 머물고 말았다. 그리고 외국에서 사람들이 그 개혁의 모범성을 경탄하면 그저 즐거워했을 뿐이다. 그와 더불어, 국가 권력과 영예에 대해 가장 시대에 뒤떨어진 표상 양식으로부터 형성되었던 형태에 제국의 외적

인 세계-권좌를 건립하려는 방향으로 접근했다. 새 시대의 민족 생활의 힘 속에서 역사적으로 예고되었던 것을 부정했던 오스트리아·헝가리의 국가 형태와 똑같은 제국을 세웠다. 그 제국의 지도자들은 그 힘을 전혀 인식하지 않았다. **그들이** 주시했던 **그** 국가 형태는 오로지 군사력에만 근거할 수 있었다. 새로운 역사에 의해 청구되었던 것[11]은 건강한 사회적 유기체를 위한 자극의 구현에 근거했어야만 했다. **그 자극의** 구현과 함께 1914년의 상황과는 다르게 현대 민족 생활의 공동성으로 들어섰을 것이다. 민족 생활의 새 시대적 요구 사항을 이해하지-않음으로 해서 1914년 독일 정치가 활동 가능성의 빙점에 도달했다. 무엇이 일어났어야만 했는지 독일 정치가들은 지난 수십 년간 아무것도 알아차리지 못했다. 모든 가능성을 가지고 분주했지만, 그 가능성들은 새 시대적 발달력에 존재하지 않았으며, 그 무내용성으로 인해 ≪마치 사상누각처럼 무너지지≫ **않을 수 없었다.**

⁰⁸ 1914년 7월 말과 8월 1일에 베를린의 권위 있는 곳[12]에서 일어난 과정을 조사해서 사실 그대로 보여 줄 수 있다면, 역사적 과정에서 이런 식으로 독일 제국의 비극적 운명으로서 생겨난 사실들의 충실한 거울 형상이 나타날 것이다. 그 과정들에 대해 국내외에서 지금까지 아는 바가 거의 없다. 그것들을 아는 사람은, 당시

---

11) 프랑스 혁명을 통해 어렴풋하게 떠올랐던 '삼지적 사회'에 대한 민중의 요구. 이 책의 Ⅱ장 43문단 이하를 참조하라.
12) 독일 정계를 뜻함.

독일 정치가 얼마나 사상누각 같은 상태에 있었는지, 독일의 정치 활동이 빙점에 도달함으로써 과연 전쟁을 시작해야 할지, 어떻게 그 전쟁을 시작해야 할지에 대한 모든 결정이 어떤 식으로 군사 기관의 판단으로 양도**되었어야만 했는지를** 알고 있다. 상황을 **군사적** 관점에서 보이는 대로 볼 수밖에 없었기 때문에, 그 기관에서 결정적인 역할을 했던 사람은 당시에 그 군사적 관점에서 **이미 일어난 그대로 할 수밖에 없었다.** 군사적 범위 외에서는 어떤 행동도 전혀 취할 수 없었던 상황에 처해 있었기 때문이다. 7월 말과 8월 1일의 과정들, 특히 7월 31일과 8월 1일에 베를린에서 일어났던 과정들을 세상에 공표하도록 노력할 위치에 있는 사람에게는 그 모든 것들이 세계 역사적 사실 정황으로서 나올 것이다. 그 이전의 시간에 뚜렷한 징후를 띠면서 일어난 사건들을 알고 있다면, 그 과정을 조사해 보아도 역시 아무것도 얻을 수 없다는 착각에 사람들은 아직도 빠져 있다. 현재 ≪책임 문제≫라고 부르는 것에 대해 논하고자 한다면, 그 과정에 대한 통찰을 기피해서는 안 된다. 당연히 다른 것을 통해 훨씬 더 오래 전에 존재했던 원인을 알아낼 수 있다. 그러나 그 과정들에 대한 통찰은, **어떻게** 그 원인들이 작용했는지를 보여 준다.

⁰⁹ 당시 독일 지도자들을 전쟁으로 몰아갔던 표상, 바로 그 표상이 불운하게 지속적으로 작용하였다. 그 표상이 민족 정서가 되었다. 그 이전에 존재하지 않았기 때문에 비극을 불러일으킨 통찰이 있다. 참담했던 지난 수년 동안 쓰디쓴 경험을 통해서도 권력자들

에게 **그** 통찰이 생겨나는 것을 그 표상이 방해하였다. 이 상술의 필자가 전쟁의 참상이 발생한 시점에 독일과 오스트리아 내에서 노력했을 당시에, 그는 그 경험들에서 생겨날 수도 있었던 가능한 수용성을 근거로 구축하고자 하였다. 그 시기가 그에게는, 건강한 사회적 유기체에 대한 관념과 정치적 태도를 위한 그것의 귀결을, 당시에 아직은 그 관념의 자극을 정당화시키기 위한 영향력을 행사할 수 있었던 외부 인사들에게 전달하기에 적합하다고 보였다. 독일 민족의 운명을 진심으로 염려했던 인사들은 그 관념으로의 입구를 찾기 위한 일에 참여하였다. 헛된 일이었다. 사고습관이 그런 자극에 치를 떨며 저항하였다. **오로지** 군사적으로만 방향을 잡은 표상 생활에는 그 자극이 무용지물로 비쳐졌다. 기껏해야 ≪학교로부터 교회를 분리하기≫를 발견했고, "그래, 그것 참 괜찮다."고 여길 뿐이었다. ≪정치가적으로≫ 사고하는 이들의 생각이 이미 오랫동안 그런 궤도를 달려 왔고, 결정적인 것으로 이끌어 가야 할 쪽으로는 방향을 바꾸려 하지 않았다. 호의적인 사람들은 필자의 생각을 ≪출판≫해야 한다고 말했다. 그것이야말로 그 시점에서는 가장 비실용적인 조언이었다. 다른 많은 것들 중에 하필이면 이 자극이, 그것도 일개의 사적 인물에 의해 ≪문학≫의 범주에서 말해졌다한들 무슨 소용이 있었겠는가? 이 자극의 성격에 이미, **당시에는** 그것이 말해졌던 그 장소를 통해서만 의미를 얻을 수 있었다는 사실이 놓여 있다. 이 자극의 의미에서 올바른 곳으로부터 언급되었더라면, 중부 유럽의 민족들이 다소 간에 의식했던 열망에 부합하는 것이 주어질 수 있었다는 사실을 인식했을 것이다. 그리고 동쪽의 러시아 민족은 그런 자극을 통한 러시아 제정주의의 해체를 그 시점에서 분명히 이해했을 것이다. 건강한 공동체적 관념을 위해 아직은 소모되지 않은 동 유럽적 지성의 수용성에 대해 아무 감각도 없는 사람만 그들이 이해했으리라는 점을 부정할 수 있다. 그런 관념의 의미에서 성명을 내는 대신 브레스트-리토프스크 조약이 들어섰다.

[10] 군사적 사고가 중부 유럽과 동 유럽의 참상을 피할 수 없었다는 사실은 바로 그-군사적 사고에만 은닉될 수 있었다. 참상의 숙명성을 믿으려 하지 않았던 것, 그것이 독일 민족이 지녔던 불행의 원인이었다. 결정권을 쥐고 있었던 곳에 세계 역사적 불가피성에 대한 감각이 얼마나 없었는지 아무도 들여다보려고 하지 않았다. 그 불가피성에 대해 조금이라도 알았던 사람은, 중부 유럽과 동 유럽의 민족들 내에 생성된 것을 투시했던 인물들이 영어권 민족들 중심에 있었다는 점 역시 인지하였다. 중부 유럽과 동 유럽에서 거대한 사회적 변혁에서 전개되어야만 하는 어떤 것이 준비되고 있다는 사실을 그런 인물들이 어떻게 확신했는지 알 수 있었다. 영어권 지역에서는 역사적으로도 그 불가피성이 없을 뿐 아니라 가능성조차 존재하지 않는다고 여겼던 변혁이었다. 그런 사고에 그들이 자신의 정치를 준비했다. 중부 유럽과 동 유럽에서는 그 모든 것들을 전혀 인식하지 못했으며, 정치가 ≪사상누각처럼 무너질 수밖에≫ 없는 방향으로 움직였다. 영어권 지역에서 배포

있게, 그리고 당연히 영어권의 관점에서 역사적 불가피성을 고려했던 통찰을 근거로 구축했던 정치만 토대를 지닐 수 있었을 것이다. 그러나 그런 정치에 대한 고무는 특히나 ≪외교관들≫에게 가장 불필요해 보였을 것이다.

" 영어권 정치의 선견지명에도 불구하고, 세계 참상이 닥치기 전에 중부 유럽과 동 유럽을 위해서도 유익한 것으로 이끌어 갈 수도 있었던 정치를 하는 대신에, 이미 생겨난 외교관 궤도를 계속해서 달렸다. 그리고 전쟁의 참상이 일어나는 동안의 쓰디 쓴 경험에서도, 미국으로부터 정치적 성명을 통해 세계에 제시되었던 그 과제에, 유럽의 생활력에서 생성된 다른 것을 유럽으로부터 필수적으로 대치시켜야 한다는 점을 배우지 않았다. 미국적 관점에서 월슨이 제시한 과제와 포성 속에 유럽의 정신적 자극으로서 울려 퍼졌을 수도 있는 그 과제 사이에 의사소통이 가능했을 수도 있었다. 다른 모든 의사소통-잡담은 역사적 불가피성 앞에서 탁상공론에 불과했다. 그러나 새로운 인류 생활에 놓인 싹의 이해로부터 과제를 정하기 위한 감각이, 상황 자체에서 독일 제국의 관리에 접근한 이들에게는 없었다. 바로 그런 이유로 해서 1918년 가을에 일어나야 할 것이 일어나고야 말았다. 군사적 폭력의 와해와 동시에 정신적 항복이 수반되었다. 적어도 그 시간에 유럽적 의지에서 건져 낸 독일 민족의 정신적 자극을 정당화하기 위해 전력을 기울이는 대신 월슨의 14조항에 굴복했다. 스스로는 할 말을 잃은 독일을 월슨에게 소개했다. 월슨이 자신의 14조항에 대해 어떤 생각을 하든 간에, 그 역시 독일 스스로 원하는 것에서만 도울 수 있을 뿐이다. 그 의지의 성명을 그는 역시 **기대했을 것이다**. 전쟁 초기부터 있었던 정치적 부실에 다른 것이 더해졌다. 1918년 10월 독일 제국의 많은 이들이 마지막 희망처럼 기대를 걸었던 남성[13]이 가져온 끔찍한 정신적 항복이 바로 그것이다.

[12] 역사적으로 작용하는 힘들에서 나오는 통찰에 대한 불신, 정신적 연관성의 인식에서 생성되는 자극들을 주시하는 것에 대한 혐오, 그것이 중부 유럽의 형세를 만들어 내었다. 이제 전쟁의 참상에 의한 결과에서 나온 사실 정황을 통해 새로운 상황이 생겨났다. 그것은 이 상술에서의 관념이 의도하는 것과 같은 사회적 자극의 관념을 통해 특징지을 수 있다. 이 사회적 자극은 하나의 언어로 말하며, 문명화된 세계 전체가 그 언어에 대해 과제를 지닌다. 1914년 중부 유럽 정치가 그들의 과제를 위해 빙점에 이르렀듯이, 일어나야만 할 것에 대한 사고가 오늘날 사회 문제에 대해 똑같이 빙점에 이르러야 하는가? 당시에 문제가 되었던 과제를 마주 대하고 몸을 도사렸던 지역들은 사회 운동을 마주 대하여 그렇게 해서는 안 된다. 이 문제를 마주 대해서는 어떤 정치적 반대자도, 어떤 중립적 지역도 있어서는 안 된다. 시대의 전조를 청취하고 그 전조에 따라 행동을 준비할 수 있는 성향이 있는, 공동체적으로 작용하는 인류만 있어야 할 뿐이다.

---

13) 당시 독일 황제 빌헬름 2세(Wilhelm II, 1859~1941)를 말한다.

[13] 다음 장에 다시금 제시된, 독일 민족과 문화 세계에 보내는 호소문을 왜 이 상술의 필자가 얼마 전에 작성하였는지, 그리고 왜 그에 대한 이해를 보였던 한 위원회가 그것을 세상에, 특히 중부 유럽의 민족들에게 전달했었는지를 이 상술에서 개진된 의도 자체로부터 이해할 수 있을 것이다. 그 내용이 협소한 범위에 전달되었던 당시와는 오늘날 다른 상황에 있다. 게다가 공식적인 전달이 그것을 불가피하게 ≪문학≫으로 만들었을 수도 있다. 공공 사회가 당시에는 할 수 없었던 것을 오늘날에는 실행해야만 한다. 그것을 이해하는 바로 그 사람들. 그것이 이해와 구현을 위한 가치가 있다면 그것의 의미에서 행동하려는 사람들. 현재 생성되어야 할 것은 오로지 그런 사람들에 의해서만 생성될 수 있기 때문이다.

V. 부록
독일 민족과 문화 세계에 고함

⁰¹ 영구히 안전하게 구축되었다고 독일 민족은 반백 년 전에 창건된 제국 구조에 대해 생각했다. 1914년 8월, 막 시작된 전쟁의 참상 속에 독일 민족은 그 전쟁이 무적의 제국 구조를 증명해 보이리라 믿었다. 오늘날에는 단지 전쟁의 폐허만 바라볼 수 있을 뿐이다. 그런 체험 후에는 자기 성찰이 들어서야만 한다. 그 체험이 반백 년의 의견을 지니고 있기 때문이며, 특히 전쟁 중에 지배했던 생각들이 비극적인 결과를 낳은 오류였음을 증명했기 때문이다. 그 비운에 가득 찬 오류의 근거는 어디에 있는가? 이 질문이 독일 민족 구성원의 영혼에 자기성찰을 촉구해야만 한다. 그런 자기성찰을 위한 힘이 아직 존재하는지, 그것에 독일 민족의 생존 가능성이 달려 있다. 어떻게 내가 그런 오류에 빠졌었던가? 이 질문에 심각하게 임할 수 있는지에 독일 민족의 미래가 달려 있다.

오늘날 이 질문을 해 보면, 반백 년 전에 제국이 창건되었지만 독일 민족성의 본질적 내용에서 솟아나는 과제를 그 제국에 부과하는 일을 하지 않았다는 깨달음이 떠오를 것이다. 제국이 창건되었다. 그 존속의 초기에는 낡은 전통과 새로운 욕구들을 통해 해마다 드러났던 요구 사항에 따라 그것의 내적인 생존 가능성을 조정하고자 노력했다. 나중에는 물질적인 힘에 근거하는 외적인 권력 관계를 확보하고 확장하는 일로 이행했다. 그렇게 함으로써 새 시대에 생겨난 사회적 요구 사항과 관련하는 조처들을 덮어 버렸다. 일상에서 필수적이라 입증되는 몇 가지를 참작하기는 했지만, 새 시대의 인류가 향했어야만 하는 발달력의 인식에서 나왔어야 할 중대한 목표가 없었다. 그렇게 제국은 그 존속을 정당화하는 본질적인 목표 설정이 없이 세계 연관성 속에 위치되었다. 전란의 과정이 그것을 서글프게 누설했다. 전란이 발발하기까지 독일 외의 세계가, 쓸어 내져서는 안 되는 세계 역사적 임무를 그 제국의 지도자들이 완수하고 있다는 느낌이 들도록 하는 것을 제국의 태도에서 전혀 찾아볼 수 없었다. 제국의 지도자들이 그런 임무를 발견하지-않음이 독일 패망의 심층적 근거라는 생각이 진정으로 통찰하는 이들을 위해 독일 외의 세계에서 불가피하게 생겨났다.

[02] 이제 이 형세에 대한 편견 없는 판단에 독일 민족을 위해 수없이 많은 것들이 달려 있다. 불행 속에서, 지난 50년 동안 드러내 보이고 싶지 않았던 통찰이 떠올라야만 했다. 아주 사소한 요구 사항에 대한 사고의 자리에, 인생관의 거대한 흐름이 마침내 들어

서야만 한다. 그 거대한 흐름은 새로운 인류의 발달력을 불굴의 생각으로 인식하고자 노력하며, 용감한 의지로 그 발달력에 헌신한다. 시각을 그 발달력에 맞추는 모든 사람들을 비실용적인 이상주의자로 치부하는 편협한 욕망이 멈추어야만 한다. 자신을 실용가라고 자부하면서 실천이라는 가면을 씌운 옹졸한 감각으로 불행을 불러일으켰던 이들, 그들의 교만과 자만이 멈추어야만 한다. 이상주의자로 비난받았지만 그 진실성에서 진정한 실용가인 사람들이 새 시대의 발달 요구에 대해 말하고자 했던 것이 참작되어야만 한다.

03 모든 방향의 《실용가들이》 이미 오랫동안 인류로부터 완전히 새롭게 드러나는 요구 사항을 보기는 하였다. 그러나 그 요구 사항들을 전승된 사고습관과 제도의 틀에 끼워 맞추려 하였다. 새 시대의 경제 생활이 그 요구 사항들을 제시하였다. 사기업의 방향에서 그것들을 충족시키기란 불가능해 보였다. 사적 노동에서 공동 노동으로의 전환이 필수적이라는 생각이 **개별적인 지역에서** 한 인간 계급의 뇌리를 떠나지 않았다. 그리고 그 인간 계급의 인생관에 유용해 보이는 곳[14]에서 그것이 실현되었다. **모든 개별적 노동의 철저한 사회화**가, 새로운 경제 생활의 발달로 인해 전승된 사적 목표의 유지에 전혀 흥미가 없었던 그 다른 계급의 목표였다.

04 지금까지 인류의 새로운 요구 사항의 관점에서 등장한 모든 추

---

14) 러시아 등 사회주의 국가를 말함.

구들은 하나의 공통성을 근거로 한다. 그것들은 사적인 것의 사회화를 촉구한다. 그렇게 하면서 사적인 것의 인수가 공동체(국가, 자치단체)를 통해, 즉 새로운 요구와 전혀 무관한 조건에서 유래한 것을 통해 이루어진다고 믿는다. 혹은 새로운 공동체(예를 들어서 조합)를 고려하더라도 그것들은 새로운 요구의 의미에서 생성되지 않았으며, 전승된 사고습관에서 나온 낡은 형태의 모방이다.

05 진실은 이렇다. 그 낡은 사고습관의 의미에서 형성된 공동체는, 사람들이 그것에 의해 수용되기를 바라는 것들 중 어떤 것도 수용할 수 없다. 시대의 힘이 인류의 사회구조에 대한 인식을 촉구한다. 그 인식은 오늘날 일반적으로 주시하는 것과는 완전히 다른 것을 주시한다. 지금까지의 사회적 공동체는 대부분 인류의 사회적 본능에서 형성되었다. 완전한 의식으로 그 힘을 관철하는 것, 그것이 시대의 과제다.

06 사회적 유기체는 자연적 유기체처럼 분리되어 있다. 그리고 자연적 유기체에서 폐가 아니라 머리로 생각하듯이, 사회적 유기체도 필수적으로 그 체계에 따라 지체화해야 한다. 그 체계에서는 어떤 것도 다른 지체의 과제를 양도받을 수 없지만, 각 지체가 자신의 독립성을 지키면서 다른 것과 협력해야 한다.

07 경제 생활이 사회적 유기체의 독립적 지체로서 자체적인 힘과 법칙을 스스로 양성할 때에만, 그리고 사회적 유기체의 다른 지체, 즉 정치적으로 작용하는 것에 흡수되지 않도록 해서 그 구조 내에 혼란이 일어나지 않아야만 번영할 수 있다. 더 정확히 말하

자면 자연적 유기체에서 호흡 체계가 머리 체계에 병행해서 존재하듯이, 정치적으로 작용하는 지체는 경제적인 것에 병행해서 완전히 독립적으로 존재해야 한다. 그 양 지체들이 단 하나의 법률 제정 기관과 행정 기관에 의해 관장되도록 하기보다, 각 지체가 상호 간에 생동적으로 협력하는 자체적인 법률 제정과 행정을 지닐 때에 그 양 지체의 건강한 협력이 이루어질 수 있다. 정치 체계가 경제를 인수하려 하면 경제 파탄이 일어날 수밖에 없다. 그리고 경제 체계가 정치적으로 되려 한다면 자체적 생명력을 잃고 만다.

[08] 사회적 유기체의 그 양 지체들과 더불어, 자체적 생존 가능성으로부터 완전히 독립적으로 형성되는 세 번째 지체가 들어서야 한다. 바로 정신적 생산 지체다. 다른 두 영역의 정신적인 부분이 역시 그것에 속한다. 스스로의 법률 제정과 행정으로 준비된 세 번째 지체가 그 양자에 정신적인 부분을 전달해야 한다. 그러나 그 세 번째 지체는 다른 양자에 의해서 관리될 수 없으며, 자연적 유기체 전체의 지체 유기체들이 함께 병존하면서 상호 간에 영향을 미치듯이 그렇게 작용해야 한다.

[09] 사회적 유기체의 불가피성에 대해 여기서 언급된 것을, 모든 세부 사항에 이르기까지 완벽하게 학문적인 근거를 만들어서 오늘날 즉시 확대 발전시킬 수 있다. 여기에서는 그 불가피성을 추적해 보려는 모든 이들을 위해서 단지 원칙만 제시할 수 있을 뿐이다.

[10] 새로운 인류 내에 그 불가피성이 등장하는 바로 그 시기에 독일제국이 창건되었다. 그 불가피성을 주목하고 제국에 과제를 세

워야 한다는 점을 제국의 행정은 이해하지 못했다. 그 주목이 제국에 올바른 내적 구조를 주었을 뿐만 아니라, 외교 정치에도 역시 정당한 방향을 제시했을 것이다. 그런 정치를 통해 독일 민족이 다른 민족들과 공생할 수 있었을 것이다.

[11] 이제 그 불행에서 통찰이 여물어야만 한다. 가능한 사회적 유기체를 향한 의지를 발달시켜야만 한다. 이제는 더 이상 존재하지 않는 그 독일이 외부 세계를 대해서는 안 된다. **정신적 체계, 정치적 체계, 경제적 체계**를 대변하는 독립적인 대표들이, 세 체계의 혼란을 통해 불가능한 사회 형상을 만들어 낸 **그** 독일을 패망시킨 이들과 교섭하도록 해야 한다.

[12] 여기에 언급된 것들이 번거롭다고 비판하는 실용가들이 세 가지 기관의 협력에 대해 그저 생각하기조차 불편하다고 말하는 것을 정신적으로 듣는다. 그들은 실생활의 요구에 대해 아무것도 알아보려 하지 않고, 모든 것을 **그들의** 사고가 지니는 편안한 요구에 따라 형성하려고만 한다. 그들은 분명히 해야만 한다. 실재의 청구에 따라 자신의 사고로 순응하든지, 아니면 그 불행으로부터 아무것도 배우지 못해서 계속 생성되는 것들을 통해 이미 야기된 것들을 무한히 증식시키든지.

루돌프 슈타이너 박사

발행자 참조

이 책의 근거는 슈타이너가 1919년 2월 3일, 5일, 10일, 12일에 취리히에서 — 같은 시기에 베른과 바젤에서 — 행한 ≪사회 문제≫에 관한 일련의 강의들을 근거로 했다. 루돌프 슈타이너 전집 내에서는 『사회 문제』(서지 번호 328)라는 제목으로 출판되었다.

루돌프 슈타이너의 작업들은 서지 번호로 정리된 전집으로 이루어져 있다. 이 책의 뒷부분에 실린 전집 목록을 참조하라.

쪽, 행	내 용
25, 1	〈사회적 유기체의 삼지성을 실천함에 있어서〉: 현재 루돌프 슈타이너 전집 내에서 『사회적 유기체의 삼지성에 대한 논설들과 1915년부터 1921년까지의 시대 상황에 관해』(서지 번호 24)로 출판되었다.
40, 17	**라살레의 연설에**: 페르디난드 라살레(Ferdinand Lassalle, 1825~1864),

	독일 사회 민주주의의 창시자. 이 연설의 정확한 제목은 ≪과학과 노동자. 무산자 계급이 유산자를 증오하고 멸시하도록 공적으로 충동질했던 고소에 대항해서 베를린 형사법원에서 행한 변호 연설(1863년 1월 16일)≫, 취리히 1863. 페르디난드 라살레의 『연설과 논설 모음집』(베를린 1919)을 참조하라.
44, 17	**자연 과학자 포크트**: 카를 포크트(Carl Vogt, 1817~1895), 자연 과학자, 저술물로는 『동물학적 보고』(1851/52), 『맹신과 과학』(1854), 『인간에 관한 강독』(1897) 등이 있다.
44, 18	**뷔히너**: 루드비히 뷔히너(Ludwig Büchner, 1824~1899), 저술물로서 『힘과 질료』(1855), 『자연 내에서 인간의 위치』(1869), 『신과 과학』(1897) 등이 있다.
52, 14	**노동자 교육 기관에**: 루돌프 슈타이너의 『내 인생의 발자취』(서지 번호 28)에서 28과를 참조하라. 멀리는 뮈케(J. Mücke)와 루돌프(A. Rudolph)의 『루돌프 슈타이너와 1899년부터 1904년까지 베를린 노동자 교육 기관에서의 그의 활동을 회상하다』(츠빈덴 출판사, 바젤 1955)를 참조하라.
68, 20	『**영혼의 수수께끼에 관해**』: 1917년 출판되었다. 특히 4부의 6과, '인간-본성의 신체적, 정신적 의존성'을 참조하라.
70, 16	**셰플레**: (A. E. F. Schäffle, 1831~1903), 국가 경제학자, 1871년 빈의 황실 상무 장관. 『사회 체제의 구축과 삶』(총 4권, 튀빙겐 1875/78)을 저술하였다.
70, 21	**머레이의 『세계 돌연변이』**: (C. H. Meray), 『세계 돌연변이, 전쟁과 평화에 대한 창조 법칙과 신 문명의 탄생』(취리히 1918).
77, 5	**옌치**: 카를 옌치(Carl Jentsch), 『민족 경제론』(라이프치히 1895), 네 번째 발행본, 라이프치히 1918.
148, 5	**라테나우 박사가**: 발터 라테나우(Walther Rathenau, 1867~1922), 『홍수 이후에』, 15번째 발행본, (베를린 1919).

159, 14	**국제 연맹이**: 제1차 세계 대전 이후에 발족 중이었던, 전승국들의 ≪국제 연맹≫과 관련된다. 1919년 7월 28일에 성립되었다.
161, 3	**마지막으로는 빈에서**: 1914년 4월 14일의 강의. 『인간의 내적인 본성, 그리고 죽음과 새로운 출생 간의 삶』(서지 번호 153)에서 여섯 번째 강의.
163, 1	**헤르만 그림**: (Herman Grimm), 『15편의 논술, 넷째 편, 지난 5년 동안』 (귀테르스로 1890).
167, 14	**≪책임 문제≫**: 이에 대해서는 소위 말하는 마르틴-인터뷰와 『전쟁의 '책임'. 1914년 7월부터 11월까지의 경과에 대한 참모총장 몰트케(H. v. Moltke)의 회상과 고찰』을 참조하라. 루돌프 슈타이너의 『사회적 유기체의 삼지성에 대한 논설들과 1915년부터 1921년까지의 시대 상황에 관해』(서지 번호 24)에 실려 있다.
168, 1	**이 상술의 필자가 … 외부 인사들에게 전달하기에 적합하다고 보였다.**: 1917년의 비망록에 근거하며 『사회적 유기체의 삼지성에 대한 논설들과 1915년부터 1921년까지의 시대 상황에 관해』(서지 번호 24)에 실려 있다. 25쪽의 참조를 보라.
169, 6	**브레스트-리토프스크 조약**: (Brest-Litowsk), 1917년 12월 15일의 이 조약에서 중 유럽 제국과 러시아 간의 휴전이 성립되었다.
170, 21	**윌슨의 14조항**: 『우드로 윌슨(Woodrow Wilson)의 연설』 내용. Committee on Public Information of the United States of America 발행. (베른 1919).
172, 3	**한 위원회가**: 슈투트가르트에 본부를 둔 ≪사회적 삼지성 연맹≫.
175 이하	**≪독일 민족과 문화 세계에 고함≫**: 루돌프 슈타이너가 작성한 이 호소문은 일정 수의 유명인사들이 서명하였으며, 1919년 3월 팜플렛으로 인쇄되어 널리 유포되었다.

참고 문헌

이 책의 내용을 심화 확장하기 위해서 루돌프 슈타이너 전집 중 다음의 것들을 참조하라.

저술과 논술

자유의 철학. 현대 세계관의 근본 특징-자연 과학적 방법에 따른 영적인 관찰 결과(서지 번호 4, 포켓북 627), 1894.

정신 과학과 사회 문제 논술 1905/6, 단행본, 도르나흐 1989. 루시퍼-그노시스. 인지학을 위한 근본적인 논술(서지 번호 34)에 실려 있다.

사회적 유기체의 삼지성에 대한 논술들과 1915년부터 1921년까지의 시대 상황에 관해(서지 번호 24), 국가 정치와 인간 정치(포켓북 667)에 부분적인 내용이 실려 있다.

영혼의 수수께끼에 관해. 인류학과 인지학(서지 번호 21, 포켓북 637), 1917.

강의

I. 근본적인 상술

사회 문제(서지 번호 328), 6회의 공개 강의, 취리히 1919.
사회의 새로운 형성을 위한 근거로서 인간 존재의 해방. 낡은 사고와 새로운 공동체적 의지(서지 번호 329), 9회의 공개 강의와 질의응답. 스위스의 여러 도시들에서 행함. 1919.
사회적 유기체의 새로운 형성(서지 번호 330), 14회의 공개 강의. 슈투트가르트 지역의 대기업 노동자들과 일반인들을 위한 공개 강의. 1919.
노사 경영 협의회와 사회화(서지 번호 331), 슈투트가르트 지역에 소재한 대기업들의 노동 위원회 회원들과 함께 한 저녁 논쟁들. 1919.
공동체적 미래(서지 번호 332a, 포켓북 631), 6회의 공개 강의와 질문에 대한 대답. 취리히 1919.
사고의 자유와 공동체적인 힘(서지 번호 333, 포켓북 652), 6회의 공개 강연, 1919년 5월 26일과 12월 30일 사이에 울름, 베를린, 슈투트가르트에서 행함.
단일국가에서 삼지적 사회 유기체로(서지 번호 334), 1920년 초 바젤, 취리히, 도르나흐에서 행한 11회의 공개 강연. 인지학적 정신 과학의 근본적 상술과 사회적 과제를 풀어 내기 위한 인지학의 인식.
서양과 동양의 세계 대립성. 인지학을 통한 양자의 이해를 위한 길(서지 번호 83, 포켓북 646) 1922년 빈에서 열린 《서양·동양 학회》의 일환으로 행한 10회의 공개 강의. 1부: 인지학과 과학, 2부: 인지학과 사회학, 부록(정장본에만 실려 있음.), 비망록,

서양·동양 잠언록.

경제 생활의 주요 문제, 크리스티아니아(오슬로)에서 행한 공개 강연, 1922, 전집 79에서 발췌한 단행본.

Ⅱ. 강습회

사회적 유기체의 삼지성의 자극을 위해서 어떻게 작용할 수 있는가?(서지 번호 338), 삼지성 사상을 적극적으로 주장하는 사람들과 연설가들을 위한 2회의 강습회. 1921년 슈투트가르트.

인지학, 사회적 삼지성과 수사학(서지 번호 339), 특히 스위스를 고려한 공개적 활동을 위한 기초 강습회. 1921년 도르나흐. 다양한 언어 연습을 동반함.

Ⅲ. 심층적인 상술

인간 내부의 사회적 성향과 반사회적 성향, 2회의 강연, 1918년 12월 6일 도르나흐, 같은 해 12월 12일 베른. 단행본(전집 186에서 발췌).

게르만적 북구 신화와의 연관성에서 개별적 민족 영혼의 사명(서지 번호 121, 포켓북 613), 크리스티아니아(오슬로)에서 행한 11회의 강의, 1910년 6월.

역사의 징후학(서지 번호 185), 1918년 10월과 11월에 도르나흐에서 행한 9회의 강의.

사회적인 판단의 형성을 위한 발달사적 근거 자료(서지 번호 185a), 1918년 11월 도르나흐에서 행한 8회의 강의.

괴테주의, 변화 자극과 부활설. 인간 과학과 사회 과학(서지 번호 188), 1919년 1월부터 2월까지 도르나흐에서 행한 12회의 강의.

의식 문제로서의 사회 문제(서지 번호 189), 1919년 2월과 3월에 도르나흐에서 행한 8회의 강의.

사회적 사건에서의 과거 자극과 미래 자극(서지 번호 190), 1919년 3월과 4월에 도르나흐에서 행한 12회의 강의.

정신 과학적 인식에서 나오는 사회적 이해(서지 번호 191), 1919년 10월과 11월에 도르나흐에서 행한 15회의 강의.

사회 문제와 교육 문제의 정신 과학적 취급(서지 번호 192), 1919년 4월부터 9월까지 슈투트가르트에서 행한 17회의 강의.

사회 문제로서의 교육 문제. 발도르프 교육학의 영적, 문화역사적, 사회적 배후(서지 번호 296), 1919년 8월 도르나흐에서 행한 6회의 강의.

사회적 수수께끼의 내적인 양상. 루시퍼적 과거와 아리만적 미래(서지 번호 193), 1919년 여러 도시들에서 행한 10회의 강연.

인류 발달에서의 정신적, 사회적 변화(서지 번호 196) 1920년 1월과 2월에 도르나흐에서 행한 18회의 강의.

인류 발달에서의 대립성들. 동양과 서양-물질주의와 신비주의-지식과 믿음(서지 번호 197) 1920년 슈투트가르트에서 행한 11회의 강의.

사회적 유기체를 위한 치료 요소들(서지 번호 198) 1920년 3월부터 7월까지 도르나흐에서 행한 17회의 강의.

사회적 형성의 근본 자극에 대한 인식으로서의 정신 과학(서지 번호 199), 1920년 8월과 9월에 베를린과 도르나흐에서 행한 17회의 강연과 인사말.

IV. 국민 경제

국민 경제학 강의(서지 번호 340), 국민 경제학을 공부하는 학생들을 위한 14회의 강의. 1922년 도르나흐.

국민 경제학 세미나, 국민 경제학 강의에 참석했던 학생들과 행한 세미나 형식의 논의. 총 6회. 국민 경제학 강의와 함께 서지 번호 341에 실려 있다.

삼지성 운동의 역사에 관해

〈루돌프 슈타이너 전집에 대한 기고문〉에 실린 논설들
루돌프 슈타이너 유고국의 문서보관실이 발행함.

1969년 부활절, 24/25권

〈사회 문제의 핵심〉 50년: 1919년 4월부터 1969년 4월

비이스베르게르(H. Wiesberger): 사회적 유기체의 삼지성을 위한 루돌프 슈타이너의 공적 활동. 1917년의 삼지성 운동에서 1919년의 삼지성 운동으로. 연대기/ 루돌프 슈타이너: 논설《국제경제와 삼지적 사회유기체》를 위한 초안. 삼지성에 대한 강연과 사회 문제에 대한 비망록.

1969년 크리스마스, 27/28권

1919년 삼지성 운동과 발도르프 학교 건립의 해

비이스베르게르: 사회적 유기체의 삼지성을 위한 루돌프 슈타이너의 공적 활동. 1919년 연대기의 연속.

1985년 세례자 성 요한 축일, 88권

사회 문제. 66년 전: 삼지성의 시대

루돌프 슈타이너: 사회 문제와 신지학, 공개 강연, 베를린, 1905년 10월 26일. 피스톤(F. Piston): 루돌프 슈타이너가 주장한 협의적 경제(박사학위 논문에서, 튀빙겐, 1923)

1986년 미하엘리, 93/94권

폴란드적으로 혹은 독일적으로? 삼지성의 불가피성을 위한 학교 사례로서의 상부 슐레지엔

쿠글러(W. Kugler): 상부 슐레지엔을 위한 강습회에 대한 논평. 상부 슐레지엔의 활동 1921. 회상·보고·신문 논평·기록물.

1989년 미하엘리, 103권

모든 권력을 협의회로? 루돌프 슈타이너와 노사 경영 협의회 운동 1919년

노사 경영 협의회와 문화 협의회. 에밀 몰트의 보고강연: 에른스트 웰리(Ernst Uehli)와 루돌프 슈타이너, 1919년 7월 10일, 슈투트가르트. 루돌프 슈타이너: 1919년 6월 2일 튀빙겐에서 행한 삼지성에 대한 강연. 루돌프 슈타이너가 1919년 6월 30일 하일브론에서 행한 강연《사회화와 노사 경영 협의회》에 대하여. 웅어(C. Unger): 삼지성의 역사에 관해. 주간지 〈사회적 유기체의 삼지성〉에 실렸던 논설과 보고문들, 1919년. 삼지성 연맹의 활동에 대한 신문논평과 기록물.

권말 부록
사회 문제의 핵심과 발도르프 교육학

자유로운 학교와 삼지성

⁰¹ 교육과 학교에 대한 정신 생활의 공적 관리가 현대에 들어 점점 더 국가 소관이 되어 버렸다. 교육 제도는 국가가 떠맡아야 할 안건이라는 생각이 현재 너무나 깊이 인간 의식 속에 뿌리박고 있다. 그런 의견을 뒤흔들어야 한다는 상상이라도 하는 사람은 세상 물정에 어두운 ≪이론가≫로 치부된다. 하필이면 삶의 바로 그 영역에 가장 심각하게 고려해야 할 것이 놓여 있다. 이미 암시된 방식으로 ≪세상 물정에 어두움≫에 대해 생각하는 바로 그 사람들 스스로 얼마나 세상 물정에 어두운 것을 방어하고 있는지 상상조차 하지 못하기 때문이다. 현재의 교육 제도는 오늘날 인류의 문화 생활에서 쇠퇴하는 흐름의 모사에 불과한 특징을 유별나게 띠고 있다. 새로운 국가 형상은 그 사회적 구조에 있어서 삶의 요구 사항을 따르지 않았다. 그것은 예를 들어서 현대 인류의 경제적

요구 사항에 적합하지 않은 형태를 보인다. 교육 제도를 종교 공동체에서 분리해 내어 완전히 국가에 종속시킨 이래로 교육 제도에 낙후성이라는 딱지를 눌러 붙였다. 모든 단계에서의 학교가 인간을 양성하는 데에 있어서, 국가가 필수적이라 여기는 일을 위해 인간이 얼마나 쓸모 있을지를 고려한다. 국가가 필요로 하는 것을 학교 제도에 반영한다. 보편적인 인성 교육이나 그와 유사한 것을 추구해야 한다고 말들은 많이 한다. 하지만 현대의 인간이 무의식적으로 너무나 강하게 자신을 국가질서의 한 지체로 느끼기 때문에, 보편적인 인성 교육에 대해 말은 하면서도 실은 국가에 쓸모 있는 하인을 만드는 교육을 생각하고 있다는 점을 전혀 눈치 채지 못한다.

[02] 이 관계에서 오늘날 사회주의적으로 생각하는 사람들의 의도는 유익한 것을 전혀 약속하지 않는다. 낡은 국가를 거대한 경제 조직으로 전환시키고자 한다. 국가의 학교가 그 경제 조직에서 연속되어야 한다. 그 연속이 현재의 학교가 지니는 모든 오류를 가장 심각한 방식으로 확대시킬 것이다. 국가가 아직은 교육 제도의 지배자가 아니었던 시대에서 유래한 것들이 지금까지 어느 정도는 학교에 남아 있었다. 물론 구시대에서 유래하는 정신이 다시 지배하기를 바랄 수는 없다. 그렇게 하기보다는 발달된 인류의 새로운 정신을 학교로 들여가고자 노력해야만 한다. 국가를 경제 조직으로 전환시키고, 그 경제 조직 내에서 쓸모 있는 노동 기계나 될 사람들을 양성하도록 학교를 변형시킨다면, 거기에는 새로운

정신이 존재할 수 없을 것이다. 오늘날 ≪단일학교≫에 대해 자주 언급하고 있다. 그 단일학교에 대해 이론적으로 아주 아름답게 상상하는 것은 문제가 되지 않는다. 학교를 경제 조직의 유기적 지체로 형성하면 결코 아름다워질 수 없기 때문이다.

⁰³ 오늘날 중시해야 할 것은 학교가 완전히 자유로운 정신 생활 내에 자리 잡도록 하는 일이다. 무엇을 가르치고 교육해야 할지는 오로지 성장하는 인간과 개인의 소질에 대한 인식에서만 나와야 한다. 진정한 의미의 인류학이 교육과 수업의 근거가 되어야 한다. "기존의 사회 질서를 위해 인간이 무엇을 알아야 하고 할 수 있어야 하는가?"라고 물어서는 안 된다. "어떤 소질이 인간 내부에 담겨 있는가? 그 인간 내부로부터 무엇을 계발할 수 있는가?"라고 질문해야 한다. 그러면 자라나는 세대로부터 항상 새로운 힘을 사회 질서로 공급할 수 있게 된다. 그렇게 하면 사회로 들어서는 성인들이 그 사회와 할 수 있는 것이 사회 질서 내에 항상 살게 된다. 반면에 기존의 사회 질서가 성장하는 세대로부터 만들어 내고자 하는 것은 절대로 이루어지지 않을 것이다.

⁰⁴ 거침없이 발달하도록 양성된 개인적 재능들이 항상 새로이 사회 조직으로 공급될 때에만 학교와 사회 조직 간의 건강한 관계가 유지된다. 사회적 유기체 내에서 학교와 교육 제도가 자치적 근거에 세워질 때에만 그 상태가 이루어질 수 있다. 국가 생활과 경제 생활은 독립적인 정신 생활에 의해 양성된 사람들을 맞아들여야 한다. 국가 생활과 경제 생활이 그들의 필요에 따라 교육 과정을

지시해서는 안 된다. 한 인간이 특정한 연령에 무엇을 알아야 하고 할 수 있어야 하는지는 인간 천성에서 나와야만 한다. 국가와 경제는 인간 천성의 요구에 상응하도록 형성되어야 한다. "특정한 직무를 위해 사람이 필요하다. 그러니까 우리가 필요한 사람인지 **검증하라**. 무엇보다 먼저 우리가 필요한 것을 그들이 알고 있고 할 수 있도록 교육하라."고 국가와 경제가 말해서는 안 된다. 사회적 유기체의 정신적 지체가 독립된 행정으로부터 적합한 소질을 지닌 사람들을 일정 정도까지 교육시켜야 한다. 그리고 국가와 경제는 정신적 지체에서 이룬 일의 결과에 맞추어서 조직해야 한다.

[05] 국가 생활과 경제 생활은 인간 천성에서 분리된 것이 아니라 그 천성의 결과이기 때문에, 진정으로 자유롭고 스스로에 근거하는 정신 생활이 인간을 세상 물정에 어둡게 양성하리라는 걱정을 할 필요가 전혀 없다. 그와는 반대로, 기존의 국가 조직과 경제 조직이 교육 제도와 학교 제도를 스스로 규제하는 경우에 그렇게 세상 물정에 어두운 사람들이 생겨난다. 국가와 경제 내에서는 이미 존재하는 깃에서, 이미 되어 버린 것에서 관점을 얻어야 하기 때문이다. 되어 가는 인간의 계발을 위해서는 사고와 감성에 있어서 완전히 다른 원칙이 필요하다. 교육되어야 할, 수업을 받아야 할 사람을 자유롭고 개인적인 방식으로 마주 대하는 경우에만 교육자로서, 교사로서 제대로 일할 수 있다. 작용 원칙을 위해서는 오로지 사회 질서의 본성이나 그와 유사한 것에 대한, 인간 천성에

대한 **인식에만** 의존한다고 생각해야 한다. 외부에서 주어진 **지시나 법률**에 의존해서는 안 된다. 지금까지의 사회 질서를 공동체적인 관점을 따르는 사회 질서로 전환시키기를 진지하게 바란다면, 교육 제도와 학교 제도를 포함한 정신 생활이 독자적인 행정을 따른다는 사실에 놀라지 않을 것이다. 열정과 관심을 가지고 그 사회적 유기체 내에서 활동하는 사람들이 사회적 유기체의 그런 독립적인 지체로부터 양성되어 나오기 때문이다. 국가와 경제 생활에 의해 규제되는 학교에서는 그런 열정과 관심이 없는 사람들만 배출될 수 있을 뿐이다. 국가와 경제를 위해 완전히 의식적인 시민과 일꾼이 되기 전에 개입해서는 안 되는 지배권의 영향력을 마치 파괴하는 요소처럼 느끼기 때문이다. 국가와 경제로부터 독립적인 교사와 교육자의 힘을 통해서 되어 가는 인간이 성장해야 한다. 그런 교사와 교육자는 자신의 능력을 자유롭게 관리할 수 있기 때문에 다른 사람의 능력 역시 자유롭게 발달시킬 수 있다.

[06] 필자의 저서 『현재와 미래 생활의 불가피한 사항에 있어서 사회 문제의 핵심』에서, 당파적으로 지도하는 사회주의자의 인생관에는 본질적으로 지난 삼사백 년 동안 특정한 극으로 치달은 시민 계급의 사고 세계가 계속해서 살고 있다는 점을 보여 주고자 노력했다. 사회주의자들의 사상이 그 사고 세계로부터의 완전한 단절을 보여 준다는 생각은 그들의 환상에 불과하다. 그런 것이라기보다, 시민 계급적 인생관이 프롤레타리아의 감성과 느낌으로 특이하게 채색되었을 뿐이다. 정신 생활과 그것

의 공동체적 유기체로의 편입에 대해 사회주의적 지도자들이 취하는 태도에서 그런 것이 아주 강하게 표출된다. 지난 수백 년간 시민 계급적 사회 조직 내에서 경제 생활의 의미가 지나치게 강조됨으로써 정신 생활이 경제 생활에 강한 종속성을 띠게 되었다. 인간 영혼이 관여하는 자체적인 근거를 지니는 정신 생활에 대한 의식이 소실되고 말았다. 자연 과학과 산업주의가 그 소실에 협력했다. 현대에 들어 학교를 사회적 유기체 내로 편입한 방식 역시 그것과 관계가 있다. 국가와 경제 내의 외적인 생활을 위해 인간을 쓸모 있게 만드는 것이 학교의 주요 과제가 되었다. 최우선적으로 영적인 존재인 인간이 사물의 정신 질서와의 연관성에 대한 의식으로 채워져야 한다는 사실, 그리고 바로 **자신의 그 의식**을 통해서 그가 살고 있는 국가와 경제에 의미를 부여한다는 사실은 점점 덜 고려되었다. 두뇌들이 점점 더 정신적 세계 질서를 외면했고, 점점 더 경제적인 생산 관계만 주시했다. 시민 계급의 경우에는 그것이 영혼 생활의 느낌에 상응하는 방향이 되었다. 프롤레타리아적 지도자들은 그것에서 이론적인 인생관, 삶의 도그마를 만들어 내었다.

[07] 그 삶의 도그마가 미래에 학교 제도의 구축을 위한 근거가 되어야 한다면 파괴적으로 작용할 것이다. 사회적 유기체에서 아무리 뛰어난 경제 형태라 하더라도, 그것에서는 정신 생활의 관리, 특히나 학교 제도를 위한 생산적인 제도는 절대로 나올 수 없기 때문에, 일단은 낡은 사고 세계의 전승을 통해서 학교 제도를 만

들어 내야만 할 것이다. 새로운 삶의 형상화를 위한 주체가 되고자 하는 당들은 계속해서 낡은 세계관의 소유자들에게 학교 내의 정신적인 것을 관리하도록 맡길 수밖에 없다. 그런데 그런 상황에서는 지속되는 낡은 것에 대한 내적인 관계가 성장하는 세대들에게서 생겨날 수 없기 때문에, 정신 생활이 점점 더 피폐해지고 만다. 내적인 힘의 원천이 될 수 없는 인생관과 함께 자기기만적으로 존재함으로써 그 세대의 영혼이 황폐해질 것이다. 산업주의에서 생겨난 공동체 질서 내에서 사람들은 영혼이 비어 버린 존재가 될 것이다.

[08] 그런 상황이 들어서지 않도록 하기 위해 삼지적인 사회적 유기체를 향한 운동은 수업 제도를 국가 생활과 경제 생활로부터 완전히 분리시키고자 한다. 교육계에 참여하는 인물들의 사회적 지체는 그 분야에서 직접 활동하는 사람들 외에 다른 어떤 권력에도 의존해서는 안 된다. 수업 제도의 행정, 교육 과정과 교육 목표의 설정은 **현재** 학교에서 가르치고 있거나, 혹은 정신 생활에서 생산적으로 활동하는 사람들만 관여해야 한다. 그런 인물들 각자가 수업이나 여타의 정신적 활동과 학제를 위한 행정 간에 그들의 시간을 분배해야 한다. 정신 생활의 판단을 아무 편견 없이 인정할 수 있는 사람은, 수업 활동을 하거나 다른 정신적 창조 활동을 하는 사람의 영혼 안에서만 교육 제도와 수업 제도의 조직과 행정에 필요한 활력이 자라날 수 있다는 점을 간파할 수 있다.

[09] 우리 시대의 무너진 공동체 질서를 구축하기 위해 정신 생활

의 새로운 원천이 어떻게 열려야 할지를 공평무사하게 바라볼 줄 아는 사람, 필시 그 사람만 우리 시대를 위한 이 사실을 완전히 인정할 수 있을 것이다. 필자는 "마르크시즘과 삼지성"이라는 논설에서, 올바르기는 하지만 역시 일방적인 엥겔스의 다음과 같은 생각에 주의를 환기시켰다. "인간을 지배하던 정부의 자리에 물건의 행정과 생산 과정의 관리가 들어선다." 엥겔스의 생각이 옳은 만큼, 경제적 생산 과정의 관리와 동시에 인간을 함께 지배했기 때문에 과거의 공동체 질서 내에서 인간 생활이 가능했던 것도 역시 진실이다. 그 지배가 멈춘다면, 지금까지의 지배 자극을 통해 인간 내에 작용했던 삶의 동력을 사람들은 자체적으로 존재하는 정신 생활에서 얻어야만 한다.

¹⁰ 그 모든 것에 또 다른 점이 더해진다. 정신 생활은 스스로 단일성으로서 발달할 수 있을 때에만 풍부하게 성장한다는 점이다. 충족시키는 세계관, 인간을 떠받치는 세계관이 나오는 영혼력의 동일한 발달에서, 인간을 경제 생활을 위해 유능한 일꾼으로 만드는 생산적인 힘이 생겨난다. 건강한 방식으로 고차적인 세계관을 위한 동력도 역시 발달시킬 줄 아는 수업 제도에서만 외적인 생활을 위해 실용적인 인간이 양성되어 나온다. 건강하게 발달된 영혼을 지닌 사람들이 유입되지 않는다면, 단지 물건만 취급하고 생산 과정만 관리하는 사회 질서는 점차적으로 아주 잘못된 길을 가기 마련이다.

¹¹ 그러므로 우리 공동체 생활의 새로운 구축은 독립적인 수업 제

도를 설치할 수 있는 힘을 반드시 얻어야만 한다. 인간이 인간을 낡은 방식으로 더 이상 ≪지배≫해서는 안 된다면, 모든 인간 영혼 내의 자유로운 정신이 완전히 강건해져서, 그것이 각 인간의 개인성 내에서 삶의 주도자가 될 수 있는 가능성이 이루어져야만 한다. 정신은 결코 억압되지 않는다. 경제 질서의 관점에서만 학교 제도를 조정하려는 체제는 그런 억압을 위한 시도가 된다. 그런 체제는, 자유로운 정신이 그 천성적 근거로 인해 끊임 없이 반항하도록 만들 것이다. 생산 과정의 관리와 동시에 학교 제도를 조직하려는 질서의 불가피한 결과로 사회구조에 지속적인 동요가 일어날 것이다.

[12] 이런 사실들을 통찰하는 사람에게는, 교육 제도와 학교 제도의 자유와 자치를 강력하게 추구하는 인간 공동체의 구축이 가장 중요한 시대적 요구가 된다. 이 영역에서 올바른 것이 인식되지 않는다면, 이 시대의 다른 모든 필수적인 요구가 절대로 충족될 수 없다. 오늘날 정신 생활의 형상을 솔직한 시각으로 일별해 보기만 하면 된다. 그것의 분열성을, 그리고 올바른 것을 인식하기에는 인간 영혼을 위해 너무나 부족한 그것의 적재력을.

발도르프 학교의 교육학적 근거

⁰¹ 에밀 몰트가 발도르프 학교를 통해 실현하고자 하는 바는 현재와 가까운 미래의 사회적 과제에 대한 아주 특정한 관조와 관련한다. 발도르프 학교를 이끌어 가야 할 정신이 그 관조에서 생겨나야 한다. 발도르프 학교는 산업체 부설 학교이다. 현대 산업이 인간 공동체 생활의 발달로 들어섰던 양식이 새로운 사회 운동의 실천에 특성을 부여한다. 아이들을 이 학교에 맡기는 부모들은, 그 운동을 완전히 참작하는 의미에서 아이들이 쓸모 있게 교육되고 가르쳐지기만 기대할 수 있을 뿐이다. 바로 그 사실이, 이 학교를 건립하면서 부득이하게 오늘날의 생활 요구에 뿌리박은 교육학적 원칙으로부터 출발하도록 만든다. 전래된 사회 계급 중 자신이 어디에 속하는지와는 무관하게 각자가 전력투구할 수 있는 그 요구 사항에 부합하는 인간이 되도록 어린이의 평생을 염두에 두

고 교육하고 가르쳐야 한다. 오늘날의 생활 실천이 인간에게 요구하는 것을 이 학교의 조직 내에 반영해야만 한다. 생활 속에서 지배하는 정신으로서 작용해야 할 것이 교육과 수업을 통해 어린이 내에서 고무되어야만 한다.

02 발도르프 학교가 구축의 근거로 삼아야 할 교육학의 기본관에 삶과는 거리가 먼 정신이 지배한다면, 불길한 운명에 이를 수밖에 없을 것이다. 지난 수십 년간 생활 태도와 성향면에서 물질적인 방향으로의 몰두가 문명 파괴에 얼마나 기여했는지에 대한 느낌이 일어나는 부분에서 그런 정신이 오늘날 너무나 쉽게 드러난다. 바로 그 느낌이 계기가 되어서 공공 생활의 행정으로 이상적인 의향을 이끌어 들여가고 싶어진다. 그리고 교육 제도와 수업 제도의 발달을 주목하는 사람은 다른 어떤 곳에서보다 바로 거기에서 그 의향의 실현을 보려고 할 것이다. 그런 표상 양식에는 선한 의지가 강하게 담겨 있다. 그 선한 의지를 당연히 인정해야 한다. 그것이 올바른 방식으로 활동한다면, 새로운 조건이 반드시 조성되어야만 하는 사회적 시도를 위해 인간의 힘을 모아야 하는 경우에 가치 있는 일을 해낼 수 있다. 그럼에도 불구하고 바로 그런 경우에, 전문적인 인식에 근거하는 조건을 충분히 고려하지 않은 상태에서 의도를 실현시키고자 한다면 최상의 의지조차 실패하고 만다는 점을 필수적으로 주시해야 한다.

03 이로써 발도르프 학교가 그 중의 하나가 되는 기관의 건립에 고려되는 요구 사항 한 가지가 특성화되었다. 발도르프 학교의 교

육학적, 방법론적 정신 속에 이상주의가 작용해야 한다. 그런데 그 이상주의는, 오늘날의 인간 공동체를 위한 노동 능력과 인간 스스로를 위해 떠받치는 삶의 내용을 얻을 수 있도록, 계속되는 인생 노정에서 필요한 힘과 능력을 성장하는 인간 내면에 일깨우는 위력을 지닌 것이어야 한다.

⁰⁴ 교육학과 수업 방법론은 성장하는 인간에 대한 진정한 인식으로만 그런 요구 사항을 충족시킬 수 있다. 분별력이 있는 사람은 오늘날 일방적인 지식이 아니라 능력을, 지성적 자질의 단순한 관리가 아니라 의지의 단련을 목적으로 하는 교육과 수업을 요구한다. 이 생각의 정당성은 결코 의심의 여지가 없다. 그렇지만 의지와 정서 내에 실행력 있는 동인을 일깨우는 통찰을 발달시키지 않는다면, 의지와 그것의 근거가 되는 건강한 정서를 교육할 수 없다. 오늘날 이 방향에서 흔히 하는 실수는 성장하는 인간에게 너무 많은 식견을 가르친다는 데에 있지 않고, 삶을 위한 동력이 없는 견해에 골몰하는 데에 있다. 의지를 활성화하는 통찰을 가꾸지 않으면서 그것을 형성할 수 있다고 믿는 사람은 환상에 빠져 있는 것이다. 이 점을 명확하게 주시하는 것이 현대-교육학의 과세다. 이 점에 있어서의 명확한 시각은 **전체** 인간에 대한 생동적인 통찰에서만 나온다.

⁰⁵ 잠정적인 의도를 따르자면 발도르프 학교는 우선 국민학교¹⁾가 될 것이다. 현재의 상황에서 가능한 만큼, **전체** 인간의 본성에 관해 교사 각자가 지니는 생동적인 통찰을 근거로 교육 목표와 교과

과정을 구성해서 어린이들을 교육하고 수업할 것이다. 당연히 오늘날의 관점에서 제시되는 요구에 부합할 수 있을 정도로 각 학년마다 어린이들을 가르쳐야 한다. 그런 범위 내에서라 하더라도 교육 목표와 교과 과정은 특성화된 인간 인식과 삶의 인식에서 나오는 것에 따라 형성된다.

⁰⁶ 학령기에 이른 어린이들은 삶에서 그들의 영혼 상태가 의미심장한 변화를 거치는 단계에 놓여 있다. 태어나서 6, 7세가 되기까지의 시기에 인간은 직접적인 주변환경에 있는 모든 것에 몰두하는 자질을 지닌다. 그렇게 모방하는 본능으로부터 자신의 되어 가는 힘을 형성한다. 6, 7세가 되면 교육자와 교사가 자명한 권위를 바탕으로 해서 어린이에게 작용하는 것을 의식적으로 받아들이도록 영혼이 열린다. 그의 내면에서도 역시 살아야 하는 것이 교육하는 사람, 가르치는 사람 내면에 살고 있다는 불분명한 느낌에서 어린이가 권위를 수용한다. 모방 본능에서 자명한 권위 관계를 근거로 하는 습득력으로의 변화를 가장 포괄적인 의미에서 고려해야 한다는 사실에 대한 **완전한 인식이 없이** 어린이를 대한다면 교육자나 교사가 될 수 없다. 단순한 자연관에 근거하는 현대 인류의 인생관은 인간 발달에서 드러나는 그런 사실들에 완전히 의식

---

1) 18세기 초반 프로이센 왕 프리드리히 빌헬름 1세가 세운 일종의 국민 의무 교육 제도. 1968년 교육 제도 개편으로 "Hauptschule"로 대체되었다. 발도르프 학교의 8년 담임제가 이 학제에서 나온다. 한국의 초등학교 1학년부터 중학교 2학년에 해당한다.

적으로 접근하지 않는다. 인간 본성이 지니는 삶의 표현 중에서 가장 섬세한 것을 위한 감각이 있는 사람만 그런 것에 필수적인 주의를 기울일 수 있다. 그런 감각이 교육과 수업 예술을 지배해야 한다. 그 감각이 교과 과정을 형성해야 하고, 교육자와 어린이를 합일시키는 정신 속에 살고 있어야 한다. 교육자가 하는 일은, 추상적 교육학의 일반적인 기준에 의해 고무된 것에 아주 적은 정도로만 의존할 수 있을 뿐이다. 오히려 교육자는 활동하는 매 순간 되어 가는 인간에 대한 생동적인 인식으로부터 항상 새로이 태어나야만 한다. 그렇게 활기에 찬 교육과 수업은 많은 어린이들이 있는 학급에서 성공할 수 없다는 이의를 당연히 제기할 수 있다. 특정한 한도 내에서 그 이의는 분명히 옳다. 그런데 특정한 한도를 넘어서까지 그런 이의를 제기하는 사람은 추상적인 정규-교육학의 관점에서 말한다는 사실만 증명할 뿐이다. 어린이 각자의 내면에 관심을 불러일으키는 힘이 진정한 인간 인식에 접하는 생동적인 교육 예술과 수업 예술을 관철함으로써, 직접적이고 ≪개별적인≫ 가르침을 통해 어린이를 주제에 붙들어 놓을 필요가 없어지기 때문이다. 교육과 수업에서 작용하는 것을 구성하는 데에 있어서, 어린이 스스로 배우면서 개인적으로 파악하도록 구성할 수 있다. 그렇게 하기 위해서는, 교사가 하는 것이 충분히 강하게 **생동적일** 필요만 있을 뿐이다. 진정한 인간 인식에 대한 감각이 있는 사람에게는 되어 가는 인간이 아주 고도로 그가 풀어야만 하는 삶의 수수께끼가 되어서, 그 수수께끼를 풀어보려는 시도에 어린이들이 동참하도록 일깨운다. 그런 동참이 개별적인 가르침보다 더 풍부한 결과를 가져온다. 개별적인 지도는 진정한 자아 활동과 관련하여 어린이를 너무 쉽게 마비시키고 만다. 물론 일정한 한도 내에서이기는 하지만, 진정한 인간 인식에 의해 완전히 고무된 삶을 사는 교사가 가르치는 가득찬 학급이, 그런 삶을 발달시킬 능력이 없어서 정규-교육학으로부터 출발하는 교사가 가르치는 적은 학생 수의 학급보다 나은 결과를 얻을 수 있다고 단언할 수 있다.

[177] 6세나 7세경에 일어나는 영혼 상태의 변화만큼 두드러지게 드러나지는 않지만, 투철한 인간 인식은 9세가 끝나가는 시점의 변화도 교육 예술과 수업 예술을 위해서는 똑같이 의미심장한 것으로 고찰한다. 그 시점에서 자아-느낌이 하나의 형태를 띠기 시작해서, 그것이 자연에 대한 관계와 역시 다른 주변에 대한 관계를 어린이에게 부여한다. 이전의 연령에서는 사물과 과정이 인간에 대해 지니는 관계를 위한 흥미만 거의 배타적으로 발달시켰던 반면에, 그 시점에 이르면 사물과 과정 상호 간의 관계에 대해 어린이에게 좀 더 많이 설명해 줄 수 있다. 교육하고 수업하는 사람들은 인간 발달에 있어서의 그런 사실들을 아주 세심하게 고려해야 한다. 삶의 한 단계에서 그 시기에 나오는 발달력의 방향과 맞아떨어지는 것을 어린이의 표상 세계와 감성 세계로 들여가면, 되어가는 인간 전체를 강화시키고, 그 강화가 인생 전체를 통해 힘의 원천으로 남아 있기 때문이다. 삶의 단계에서 드러나는 발달 구조에 거슬러서 교육을 하면 인간을 약화시키고 만다.

⁰⁸ 삶의 단계에서 드러나는 특이한 요구 사항에 대한 인식에 합당한 교과 과정을 위한 근거가 내재한다. 연속되는 삶의 단계에서 수업 내용을 다루는 방식의 근거도 역시 그것에 담겨 있다. 문화 발달을 통해 인간 생활로 유입된 모든 것을 만 9세가 될 때까지 어린이에게 일정한 수준으로까지 지도했어야만 한다. 바로 그래서 첫 학년들에서 쓰기와 읽기 수업을 당연히 하되, 그 삶의 단계에서 드러나는 발달 본성이 정당화되도록 수업을 구성해야 한다. 수업을 하면서 완성도를 위한 추상적인 습득과 어린이의 지성만 일방적으로 요구하면, 의지와 정서적 천성이 시들고 만다. 그에 반해 어린이를 가르치면서 전체 인간이 활동에 관여하도록 하면 어린이가 모든 방향으로 발달한다. 어린이다운 소묘에서, 심지어는 천진한 그림이라 하더라도 그가 하는 일에서 흥미를 펼쳐 내기 위해 전체 인간이 관여한다. 그래서 쓰기를 소묘에서 나오도록 해야 한다. 어린이답게-예술적인 감각이 정당화되는 형태에서 자모음의 형태를 발달시킨다. 예술적으로 전체 인간을 이끌어 들이는 활동에서 쓰기를 발달시키면, 그것이 의미 있게-지적인 것으로 이끌어 간다. 그 다음에 주의력을 아주 강하게 지적인 영역에 집중시키는 읽기가 쓰기에서 나오도록 수업을 한다.

⁰⁹ 어린이답게-예술적인 교육에서 얼마나 강하게 지적인 것을 건져낼 수 있는지를 간파한다면, 초등학교 첫 학년의 수업에서 예술에 적절한 위치를 부여하려는 경향을 지니게 된다. 음악 예술과 조형 예술을 수업 영역에 올바르게 위치시키고, 신체적인 연습에

예술적인 것을 적합하게 연결할 것이다. 체조와 운동을 음악적인 것이나 낭송에 의해 고무되는 감정의 표현으로 만들 것이다. 단지 육체의 해부학적이고 생리학적인 것만 근거로 하는 것의 자리에 오이리트미적인 것, 의미에 찬 움직임이 들어선다. 그러면 수업의 예술적인 구성에 의지 형성과 감성 형성을 위해 얼마나 강한 힘이 내재하는지 알게 된다. 특정한 삶의 단계에서 현시하는 발달력과 방법론 간에 존재하는 관계를 투철한 인간 인식으로 통찰하는 교사만 여기에 암시된 방식으로 풍부한 결과를 가져오면서 수업을 할 수 있다. 어린이를 다루는 학문으로 교육학을 배운 사람은 진정한 의미의 교육자나 교사가 될 수 없다. 인간 인식을 통해 내면에서 교육자가 **깨어나야** 그 사람이 진정한 교사가 된다.

[10] 감성 형성을 위해서 의미심장한 것은, 어린이가 만 9세가 되기 전에는 세계를 향한 관계를 발달시키는 데에 있어서 인간의 경향이 그러하듯이 환상적인 방식으로 형성한다는 점이다. 교육자 스스로 몽상가가 아닌 한, 동화나 우화같은 이야기로 식물 세계, 동물 세계, 대기와 별들의 세계를 어린이 정서 속에 살도록 한다고 해서 어린이를 몽상가로 만들지는 않는다.

[11] 일정한 한도 내에서는 분명히 정당성을 지니는 실물 수업을 물질적인 성향으로 인해 가능한 모든 것으로 확장하려 하는데, 그렇게 하면서 관찰을 통해서만은 매개될 수 **없는** 힘도 역시 인간 본성 안에 발달시켜야 한다는 사실을 고려하지 않는다. 특정한 내용을 순수하게 기억으로만 습득하는 것이 6, 7세부터 14세까지의 발

달력과 연관성을 지닌다. 인간 천성의 바로 그 특성을 근거로 산수 수업을 구성해야 한다. 산수 수업이야말로 기억력을 양성하기 위해서 이용할 수 있다. 이 점을 고려하지 않으면, 하필이면 산수 수업에서 기억력 형성 대신에 실물적인 요소를 비교육학적으로 선호하게 된다.

[12] 가르치는 내용을 어린이가 모두 **이해해야 한다고** 여기고 기회만 되면 적정 수준을 넘어서면서까지 애를 쓸 때 역시 같은 오류를 범할 수 있다. 그런 노력에는 분명히 훌륭한 의지가 들어 있다. 그러나 그런 의지는, 인간이 어린 시절에 순수하게 기억으로만 습득한 것을 나중에 나이가 좀 든 후에 다시 일깨우고, 그 동안 노력해서 얻은 성숙도를 통해서 비로소 스스로 이해할 수 있다고 깨닫는 것이 인간에게 어떤 의미가 있는지를 고려하지 않는다. 그런데 기억력으로 수업 내용을 습득하는 경우에 흔히 어린이가 보이는 그 염려스러운 무관심을 교사가 활기에 찬 방식을 통해 필수적으로 극복해야 한다. 교사가 자신의 존재 전체로 수업 활동에 내재한다면, 어린이가 나중에서야 완전히 이해를 해서 희열에 찬 체험을 할 수 있는 주제도 어린이에게 가르칠 수 있다. 바로 그 나중의 신선한 체험 속에 삶의 내용을 간단없이 강화시키는 것이 들어 있다. 교사가 그런 강화를 위해 작용할 수 있다면, 그는 현존의 노정을 위해 잴 수 없이 커다란 삶의 자산을 어린이에게 준비해 주는 것이다. 그렇게 함으로써 또한, 어린이의 ≪이해≫를 겨냥하느라 ≪실물 수업≫을 지나치게 적용해서 진부해지는 것을 피할 수도

있다. 그런 수업이 어린이의 자립적인 활동을 참작할 수는 있다. 그런데 그 열매는 어린 시절을 위해 아주 불쾌한 맛을 지니기 마련이다. 특정한 관계에서 아직은 어린이 ≪이해≫를 넘어서서 존재하는 것을 어린이 내면에서 교사의 활력에 찬 불꽃으로 불을 지피는, 바로 그 일깨우는 힘이 인생 전체를 거쳐 작용하면서 머문다.

[13] 만 9세가 지난 후 동물 세계와 식물 세계에 대한 자연묘사를 시작하는 경우에, 인간 외 세계의 형태와 삶의 과정으로부터 인간의 형태와 삶의 현상을 이해하도록 설명한다면, 그 삶의 단계에서 인간 존재의 심연으로부터 해방되려는 힘을 어린이 내부에서 깨울 수 있다. 삶의 이 단계에서 자아-느낌이 띠기 시작하는 성격은, 동물계와 식물계 내에서는 그 특성과 기능에 있어서 수많은 종으로 분리되어 있는 것이 인간 존재 내에서 마치 조화롭게 합일된 듯이 생물계의 정점으로 드러난다는 관조에 상응한다.

[14] 12세를 전후해서 다시금 인간 발달에 전환점이 들어선다. 그 시기에는 인간과 전혀 관계없이 파악되어야 하는 것, 예를 들어서 광물계, 물리학적 사실 세계, 기후 현상 등을 자신에게 유리한 방식으로 파악할 수 있는 능력을 발달시킬 정도로 성숙해진다.

[15] 실생활의 목표를 전혀 고려하지 않고 전적으로 인간의 활동 본능이라는 천성으로부터 형성되는 연습의 양성에서 어떻게 일종의 노동 수업에 해당하는 다른 것을 발달시켜야 하는지는, 삶의 단계가 지니는 본성을 인식함으로써 저절로 얻게 된다. 여기에서 수업

내용의 개별적인 부분을 위해 암시한 것을 어린이가 15세에 이를 때까지 배워야 할 모든 것으로 확장시킬 수 있다.

¹⁶ 인간 본성의 **내적인** 발달에서 수업 원리와 교육 원리로 나오는 것을 설명한 방식대로 주시한다고 해서, 어린이가 외부 생활에 낯선 영혼 상태와 신체 상태를 지니고 학교를 떠나리라는 걱정을 할 필요는 없다. 인간의 삶 자체가 그 내적 발달로부터 형성되기 때문이다. 인간이 **자신의** 자질을 발달시킴으로써, 자신 앞에 선 인간을 동질의 인간적 자질로부터 문화 발달에 동화시키는 것과 화합하는 경우에 최상의 방식으로 삶에 들어설 수 있다. 그런데 어린이의 발달과 외적인 문화 발달 양자를 화합시키기 위해서는, 그들의 흥미가 전문적인 교육 실천과 수업 실천에서 끝나지 않고, 인생의 넓은 지평으로 완전히 참여하는 교사진이 필요하다. 그런 교사진은 삶의 실질적인 형성을 위한 이해 역시 소홀히 하지 않으면서, 성장하는 인간 내면에 정신적인 삶의 내용을 위한 감각을 일깨울 가능성을 발견할 것이다. 교사가 수업을 위해서 그런 태도를 지닌다면, 14세나 15세가 된 인간이 농업, 산업, 교통 등 인류의 전반적인 생활에서 쓸모 있는 근본적인 것을 이해하지 못하는 상태에 머물지는 않을 것이다. 그렇게 습득한 분별력과 숙련도가 그를 받아들이는 삶 속에서 방향을 잡을 수 있도록 한다는 느낌을 준다. 발도르프 학교가 건립자의 눈앞에 아른거리는 목표들을 이루려면 여기에 특성화된 교육학과 방법론을 근거로 해야만 한다. 그렇게 함으로써 어린이의 신체를 그것의 요구에 맞추어서 건강

하게 발달시키는 수업과 교육을 할 수 있다. 신체는 영혼의 표현이고, 영혼은 그것의 발달력이 지니는 방향으로 전개되어야 하기 때문이다. 발도르프 학교 개교 전에 교사진과 함께, 이 학교를 통해서 여기에 제시된 바와 같은 목표를 추구할 수 있는 방식에서 일해 보려는 시도가 있었다. 바로 그런 방식으로 학교를 통해 추구할 수 있다. 학교 건립에 참여하는 이들은 현재의 공동체적 사고 방식에 일치하는 것을 교육학적 생활 영역으로 들여갈 수 있다고 그 목표의 방향을 통해서 확신한다. 그들은 책임을 통감하며, 그런 책임감이 그 시도에 연결되어 있어야만 한다. 그렇게 할 가능성이 존재하는 한, 현재의 사회적 요구 사항을 대면해서 그런 것을 감행하는 것이 그들의 의무라 여긴다.

슈투트가르트 발도르프 학교의 교육학적 목표 설정

01 오늘날의 교육 기관에서 교사가 되기 위해 준비하는 사람은 교육 제도와 수업 예술에 관해 수많은 훌륭한 원칙들을 삶으로 들여갈 수 있다. 그 원칙들을 적용하려는 좋은 의지 역시 교육을 과제로 삼는 많은 이들에게 의심의 여지 없이 존재한다. 그럼에도 불구하고 삶의 이 영역에 적잖은 불만들이 광범위하게 퍼져 있다. 항상 새롭거나 새로워 보이는 목표 설정이 부상한다. 그리고 인간 천성과 사회 생활의 요구를 현대 인류의 일반적 문명에서 생겨난 것보다 더 확실하게 참작할 수 있는 교육 기관이 세워진다. 교육학과 수업 방법론이 지난 100여 년 동안 드높은 이상주의를 따르는 고결한 인사들을 지도자로 지녔다는 사실을 인정하지 않는다면, 그 또한 부당한 일이다. 그런 인사들에 의해 역사에 융합된 것들이, 교육자—의지를 위한 교육학적 지혜와 고무적인 참조 사항

들을 가득 담은 보물 상자를 만들어 내었으며, 예비교사가 그것들을 수용할 수 있다.

⁰² 교육과 수업 영역에서 발견되는 모든 결점을 해결하기 위해 지금까지 지도적 위치에 있는 위대한 교육학자들의 이론에서 주요 관념을 찾아 내어서, 그것을 따름으로써 도움을 얻을 수도 있다는 사실을 부정할 수는 없을 것이다. 면밀하게 관리되는 교육학의 오류에 불만이 놓여 있지는 않다. 교육과 수업에 종사하는 이들에게 선한 의지가 모자라서도 아니다. 그런데도 그 불만이 부당하지 않다. 편견 없는 사람이라면 누구에게나 삶의 경험이 그 점을 증명해 준다.

⁰³ 슈투트가르트 발도르프 학교의 건립에 관여하는 사람들이 그런 느낌을 떨쳐 버릴 수가 없었다. 이 학교의 건립자 에밀 몰트와, 교육과 수업 방식에 방향을 제시할 수 있었고, 그 방향의 지속적인 실천에 관여하도록 허락된 이 논설의 필자, 그들이 이 학교와 더불어 교육학적, 사회적 과제를 풀고자 한다.

⁰⁴ 교육학적 과제를 풀기 위한 시도에서 결정적인 것은, 이미 존재하는 훌륭한 교육 원칙들이 왜 그렇게 심한 정도로 만족스럽지 못한 결과에 이르렀는지 그 이유를 인식하는 일이다. 예를 들어 주도적인 관념을 얻기 위해서는 어린이의 발달하는 개인성을 수업과 교육에서 관찰해야 한다는 사실은 이미 널리 인정되고 있다. 모든 이들이 그 관점을 옳은 것이라고 주장한다.

⁰⁵ 그런데 그 관점을 받아들이기에는 오늘날 커다란 장애물이 존

재한다. 진정한 실천에서 그 관점을 정당화시키기 위해서는 인간의 본성을 진정으로 해명하는 영혼-인식이 요구된다. 현재의 정신적 양성을 지배하는 세계관이 그런 영혼-인식으로 이끌어 가지를 못한다. 그 세계관은 보편타당한 법칙을 세울 수 있어야지만 발 아래에 확고한 바닥이 있다고 믿는다. 고정된 개념으로 표현되고, 개별적인 경우에 적용될 수 있는 법칙들. 직업 교육을 오늘날의 양성 기관에서 받게 되면, 그런 법칙을 향한 추구에 습관이 든다. 교사를 양성하는 사람들 역시 사고에 있어서는 그런 법칙성에 길들여져 있다. 그러나 그런 법칙으로 인간의 영혼을 파악하려고 하면, 영혼 본성이 그것을 거역한다. 오로지 자연만 그런 법칙에 복종한다. 영혼의 본성을 통찰하려면, 그 법칙적인 것을 인식하면서 예술적인 형상력으로 관철해야 한다. 영적인 것을 파악하고자 한다면, 인식하는 자는 예술적으로 관조하는 자가 되어야 한다. 강의를 할 수는 있다. 그러나 그런 인식은 진정한 인식이 절대로 아니다. 진정한 인식은 사물의 파악에 개인적인 체험이 관여하기 때문이다. 그런 강의가 그 자체로는 아주 많은 논리적인 선입견들을 지닐 수도 있다. 그럼에도 불구하고 그것은 내적인 개인의 관여가 없이, 창조적인 파악의 관여가 없이 영적인 것을 인식할 수 없다는 사실을 직면하고 있다. 이 관여에 대해 깜짝 놀라서 뒤로 물러선다. 그렇게 함으로써 분명히 그 관여가 지니는 개인적인 임의성에 빠진다고 믿기 때문이다. 신중한 자아교육을 통해 내적인 객관성을 획득하지 않는다면 당연히 그 임의성에 빠질 것이다.

⁰⁶ 이로써, 그 자체의 영역에서는 정당한 자연-인식과 더불어 진정한 정신-인식도 정당화시키는 사람이 선택하는 길을 암시하였다. 영적인 것의 본성을 해명할 수 있는 것이 정신-인식에 부가된다. 정신 인식이 진정한 교육 예술과 수업 예술의 근간이 되어야 한다. 그것이 유동적이고 생명감 넘치는 관념을 지닌 인간-인식으로 이끌어 가서, 교육자가 개별적인 어린이의 인성에 대한 실질적인 관조로 전환시킬 수 있기 때문이다. 그리고 그렇게 할 수 있는 사람, 바로 그 사람을 위해서 어린이-개인성에 따라 교육하고 수업해야 한다는 주장이 비로소 실질적인 의미를 얻게 된다.

⁰⁷ 지성주의와 추상성에 대한 사랑으로 가득 찬 우리 시대에는 여기서 표현되는 것을 다음과 같은 이의로 반박하려 할 것이다. "인간의 본성에 대해 오늘날의 시대 형성에서 얻은 일반적인 관념을 개별적인 경우를 위해 개인화하는 것은 당연한 일이 아닌가?"

⁰⁸ 그런데 올바르게 개인화하기 위해서는, 말하자면 어린이가 지닌 능력에 따라 어린이의-개인성을 교육적으로 지도하기 위해서는, 개별적인 경우로서 일반적인 법칙에 종속시킬 수 **없고**, 개별적인 경우를 관조하면서 그것의 법칙을 비로소 파악해야만 하는 것에 대한 시각을 정신-인식에서 필수적으로 습득했어야만 한다. 여기에서 의미하는 정신-인식은, 일반적인 관념을 표상하고 그것을 개별적인 경우에 적용하는 자연-인식의 모범을 따르지 않는다. 오히려 정신-인식은, 개별적인 경우를 독자적인 것으로 관조하면서 체험하는 영혼 상태로 인간을 교육한다. 이런 정신 과학은

인간이 아동기와 청소년기에 어떻게 발달하는지를 추적한다. 출생 이후부터 이갈이를 하는 시기까지 어린이의 천성이 **모방** 본능을 통해 발달하는 양식을 지닌다는 점을 정신 과학이 보여 준다. 어린이가 보고 듣는 것 등이 그와 똑같은 것을 따라하려는 충동을 어린이 내면에서 고무한다. 그 충동이 어떻게 형성되는지를 세밀한 사항에 이르기까지 정신 과학이 연구한다. 단순한 법칙적-사고를 모든 관점에서 예술적인 관조로 전환시키는 방법이 그런 연구를 위해서 필요하다. 무엇이 어린이를 모방하도록 고무하는지, 어떻게 어린이가 모방하는지는 오로지 그런 양식으로만 관조할 수 있기 때문이다. 이갈이를 하는 동안 어린이의 체험에 급격한 변화가 일어난다. 어린이가 권위성으로 느끼는 타인이 행하거나 생각하는 것을, 그 사람이 그 행위나 사고를 옳다고 표현하면 역시 그렇게 행하고 생각하려는 충동이 어린이에게 생긴다. 이 연령 이전에는 자신의 존재를 주변의 모사로 만들기 위해 모방했다. 이 연령에 이르면 **단순히** 모방하지 않고, 낯선 존재를 일정 정도의 의식을 가지고 자신의 존재 내부로 받아들인다. 그래도 대략 9세까지는 모방 본능이 권위를 따르는 다른 본능과 함께 존재한다. 어린 시절에 연이어 드러나는 그 두 가지 주요 본능의 표현에서 출발하면, 어린이 천성의 다른 현시들에도 눈길이 간다. 인간 아동기의 생동적·조형적 발달을 배우게 된다.

[09] 이 분야에서 자연물에 관한 표상 양식으로부터 관찰을 시작하는 사람에게는, 비록 그 표상 양식이 자연 존재로서의 인간을 위

해서도 역시 옳다 하더라도 실제로 의미심장한 것은 보이지 않는다. 그러나 이 영역을 위해 합당한 관찰 방식을 인정하는 사람은, 아동 존재의 개인성을 위해 영혼의 눈을 예리하게 만든다. 그에게는 어린이가 일반성에 따라 판단되어야 할 ≪**개별적인 경우**≫가 아니라, 그가 풀어야 할, 완전히 개인적인 수수께끼가 된다.

[10] 그렇게 관조하면서 각각의 어린이를 다루기란 많은 어린이들이 있는 큰 학급에서 가능하지 않다는 이의를 제기할 것이다. 그럼에도 불구하고 한 반의 과도한 학생 수에 대해 언급하기 전에, 진정한 영혼-인식이 없는 교사보다 여기에서 의미하는 영혼-인식을 지닌 교사가 많은 수의 학생들을 더 쉽게 다룰 수 있다는 점을 거론하지 않을 수 없다. 그 영혼-인식이 교사의 전체적인 인격의 거동에서 드러나기 때문이다. 그것이 교사의 말 한 마디, 모든 행동을 각인한다. 그리고 그런 교사의 지도하에서는 어린이들이 내면에서 능동적으로 된다. 그의 일반적인 태도가 어린이 각자에 작용하기 때문에, 어린이들이 활동하도록 개별적으로 강요할 필요가 없다.

[11] 아동 발달에 대한 인식에서 합당한 교과 과정과 방법이 나온다. 모방 본능과 권위에 자신을 종속시키려는 본능이 어떻게 초등학교의 첫 학년 동안 어린이에게서 상호 작용하는지를 통찰한다면, 예를 들어서 그 학년들에서 어떻게 쓰기 수업을 해야 하는지도 알게 된다. 지성을 근거로 쓰기 수업을 구성한다면, 모방 본능을 통해 드러나는 힘에 거스르면서 가르치는 것이다. 일종의 소묘

에서 출발해서 차츰차츰 쓰기로 이끌어 간다면, 발달하려고 애쓰는 것을 발달시킬 수 있다. 이런 방식으로 완전히 아동 발달의 특성에 맞추어서 교과 과정을 얻을 수 있다. 그리고 그런 식으로 얻은 교과 과정만 인간 발달의 방향과 일치하여 작용한다. 그것만 인간을 강하게 하고, 다른 모든 것은 인간의 힘을 약화시킨다. 그리고 그 약화가 인생 전체를 통해서 영향을 미친다.

[12] 필수적으로 아동 천성의 개인성을 관찰해야 하는 것과 마찬가지로 설명된 양식의 영혼-인식을 통해서만 교육 원칙을 적용할 수 있다.

[13] 다수가 이론적으로 좋은 원칙이라 옹호하는 것을 실질적으로 적용하려는 교육학은 진정한 정신 과학을 근거로 해야만 한다. 그렇지 않으면 운 좋게 천성적인 자질을 타고났기 때문에 본능적으로 운용 방식을 만들어 낼 수 있는 소수의 교육자만 일할 수 있을 것이다. 진정한 정신 과학적 인간-인식에 의해 교육학적이고 교수법적인 교육 실천과 수업 실천이 발도르프 학교에서 열매를 맺어야 한다. 이 방향으로 교사들을 격려하기 위해 정신 과학적 교육학과 방법론 과정을 본인의 과제로 삼았고, 발도르프 학교 개교 전에 실시하였다.

[14] 그와 더불어 비록 초안에 불과하더라도 교육학적 과제가 특성화되었으며, 발도르프 학교와 더불어 그 과제를 풀기 위한 첫 시도가 이루어졌다. 에밀 몰트는 발도르프 학교를 건립함으로써 동시에 현재의 사회적 필요에 상응하는 기관을 세운 것이다. 이 학

교는 우선적으로 슈투트가르트 발도르프-아스토리아 공장에서 일하는 사람들의 자녀들을 위한 국민학교다. 이 어린이들과 더불어 시민들 중에서 다른 계급에 속하는 어린이들이 함께 학교에 다님으로써 단일-국민학교의 성격을 전적으로 유지한다. 그것이 당장 개별적으로 행해질 수 있는 전부다. 전체적인 사회 제도가 모든 학교 기관을 정비해서, 현재의 상황에서 가능한 만큼 발도르프 학교 내에서 정당화될 정신성에 의해 그것들이 관철되도록 한다면, 광범위한 의미에서 이 학교와 더불어 미래를 위해 중요한 사회적 과제가 일단 풀릴 수 있다.

[15] 모든 교육적 예술은 교사의 개인성과 밀접하게 결합된 영혼-인식을 근거로 해야 한다는 점을 지금까지의 상술이 보여 준다. 교사의 개인성이 교육적 창조에서 자유롭게 펼쳐질 수 있어야 한다. 학교 기관의 전반적인 행정이 독립적으로 행해질 때에만 그것이 가능하다. 현재 활동 중인 교사가 역시 활동 중인 교사와 함께 행정에 관한 일을 처리할 때에만. 현재 활동하지 않는 교육자는 학교 행정에 있어서 이물질이다. 그것은 흡사 예술적으로 창조하지 않는 사람이 예술적으로 창조하는 사람에게 방향을 제시할 의무를 지는 것과 마찬가지다. 교사진 자체가 교육과 수업, 그리고 학교의 행정을 안배해서 행하도록 교육적 예술의 본성이 요구한다. 그렇게 함으로써 각자의 정신적 자세로부터 수업과 교육 공동체에 합일하는 교사로 만드는 전체 정신이 행정 속에 온전히 존재한다. 그리고 그 공동체 내에서는 오직 영혼-인식에서 나오는 것

만 정당화될 것이다.

¹⁶ 그런 공동체는 민주주의를 지향하는 국가 생활, 독립적 경제 생활, 그리고 그와 더불어 자유로운 정신 생활을 지닌 삼지적인 사회적 유기체에서만 가능하다.(이 삼지성의 본질에 관해서는 지난 호들에 실린 글들 중에서 ≪사회적 미래≫를 참조 비교하라.) 지도부가 정치적 행정 기관이나 경제 생활의 권력으로부터 지시를 받는 정신 생활은 (교육을 위한)[2] 자극이 철저하게 교사진 자체에서 나와야 하는 학교를 그 품에서 키워낼 수 없다. 그런데 자유로운 학교가 국가와 경제에서 완전하게 힘을 전개시킬 수 있는 사람을 삶으로 내보낸다. 자유로운 학교가 그런 힘을 인간 내면에 발달시키기 때문이다.

¹⁷ 비인간적인 생산 상태나 그와 유사한 것이 인간을 형성한다는 의견을 신봉하지 않고, 사람들이 어떻게 사회 질서를 창조하는지를 객관적인 실재로부터 인식하는 사람은, 당의 방침이나 다른 의견이 아니라, 세계 존재의 심연으로부터 항상 새롭게 등장하는 세대를 통해서 인간 공동체로 유입되는 것을 근거로 하는 학교가 어떤 의미를 지니는지도 역시 통찰하게 된다. 그러나 이 사실을 인식하고 양성하기 위해서는 여기에서 성격화해 보려고 시도된 영혼 관조에서만 가능하다. 이런 관점에서 정신 과학에 뿌리박은 교육학적 실천의 깊은 사회적 의미가 드러난다.

---

2) 독자의 이해를 돕기 위해 역자가 첨가함.

⁸ 이런 교육학적 실천은 적잖은 것에서 현재의 교육학자들이 행하는 것과는 다르게 판단할 수밖에 없다. 이 방향에 놓인 것들 중에서 단지 한 가지만 주목해 보자면, 발도르프 학교에서는 일반적인 체조 외에도 그와 동등하게 일종의 오이리트미가 수업에 속한다는 점을 언급해야 한다. 오이리트미는 보이는 언어다. 오이리트미를 통해서 인간 신체의 지체들을 움직이고, 언어와 음악에서와 마찬가지로 인간 전체와 인간 그룹이 영혼내용을 법칙적으로 표현하는 움직임을 따라하도록 한다. 인간 전체가 영혼으로 가득 차서 움직이게 된다. 직접적으로는 단지 신체의 강화를, 그리고 기껏해야 간접적으로나 인간 도덕력의 강화에 작용할 수 있는 체조가 오늘날 불공평하게 과대평가되고 있다면, 오늘날 일방적으로 신체적인 것이 문제가 되기 때문에 영혼으로 가득 찬 움직임의 예술이, 즉 오이리트미가 어떻게 신체적인 것과 동시에 의지 발안을 발달시키는지는 후대에서야 비로소 인정될 것이다. 오이리트미는 인간을 신체, 영혼, 정신을 지닌 전체로 파악한다.

¹⁹ 유럽 문명 생활이 지니는 현재의 위기를 일종의 영적인 수면 상태에서 지나가도록 버려두지 않고, 완전히 동참하면서 체험하는 사람은 개선이 필요한, 빗나간 외적 제도에서만 그 위기의 원천을 찾지 않는다. 그는 인간적 사고, 감성, 의지의 내면 깊은 곳에서 그 위기의 원인을 찾아야 한다. 그래야지만 우리 사회 생활의 회복 과정 중에서 다가오는 세대의 교육을 위한 길 역시 인식할 것이다. 그리고 훌륭한 원칙과 선한 의지가 역시 실질적으로

전개될 수 있는 방법을 교육적 예술에서 찾으려는 시도를 완전히 무시하지 않을 것이다. 발도르프 학교는, 이러저러한 방식의 교육과 수업의 오류가 어디에 있는지 알고 있다고 믿는 사람들이 건립하는 학교 같은 ≪개혁학교≫가 아니다. 교육하고 수업하는 사람이 인간 본성을 알아야지만 최상의 원칙과 최상의 의지가 이 영역에서 효과를 드러낸다는 생각에서 발도르프 학교가 생겨났다. 인류의 전반적인 사회 생활에 대한 생생한 관심을 발달시킬 수 없다면 인간 본성을 아는 사람이 될 수 없다. 인간 존재를 위해서 열려있는 감각이 인류의 모든 고통과 모든 희열 역시 자신의 체험으로 받아들일 수 있다. 영혼을 알아보는 사람, 인간을 알아보는 사람인 교사를 통해서 사회 생활 전체가 삶을 향해 들어오려는 세대에 작용한다. 그런 교사가 가르치는 학교에서, 삶으로 자신을 힘차게 들여 세울 수 있는 사람들이 배출된다.

루돌프 슈타이너의 생애와 작품

　루돌프 슈타이너가 후세에 남긴 일생의 작품은, 그 내용과 규모에서 볼 때 문화계 안에서는 유례를 찾기 힘들 것이다. 그의 글들 ─ 저작물들과 논문들 ─ 은 생전에 그가 강연과 강좌를 통해 청중들에게, 늘 새로운 시각에서, '인지학으로 방향이 정해진 정신학'이라고 표현하고 상론했던 것의 기초를 이룬다. 약 6천 회에 걸친 강연의 대부분은 필사본으로 보존되어 있다. 이와 아울러 예술 영역에서도 중대한 활동을 펼쳤는데, 그 정점은 도르나흐에서 첫 번째 괴테아눔(Goetheanum) 건물을 세운 것이다. 그래서 그의 손으로 이루어진 많은 수의 회화·조각·건축 작업과 설계 및 밑그림이 존재한다. 수많은 생활 영역의 쇄신을 위해 그가 제공한 자극은, 오늘날 점점 더 많은 주목을 받기 시작한다.

　1956년부터 '루돌프 슈타이너 유고(遺稿) 관리국'에 의해 『루돌프 슈타이너 전집」이 발간되고 있다. 『전집』은 약 340권 분량이 될 것이다. 저작물은 제1부로, 강연문은 제2부로 발행되는 한편, 제3부에서는 예술 작품이 적절한 형태로 재생되고 있다.

전체 작품에 대한 체계적인 개관은 1961년에 발행된 문헌 목록('루돌프 슈타이너. 문학적·예술적 작품. 서지학적 개관')이 제공해 준다. 아래에서 사용되는 '서지 번호' 표시는 그 목록에 의거한 것이다. 출판된 책들의 현황에 관해서는 '루돌프 슈타이너 출판사'의 도서 목록이 알려 주고 있다.

연대순으로 작성한 약력(그리고 저작물에 대한 개관)

연 대	약력과 저작물에 대한 개관
1861	2월 27일에 루돌프 슈타이너는 오스트리아 남부 철도청 소속 공무원의 아들로서 크랄예벡(그 당시는 오스트리아·헝가리 제국에, 지금은 크로아티아에 속함)에서 태어났다. 그의 부모는 오스트리아 동북부의 주(州)인 니더외스터라이히 출신이다. 그는 오스트리아의 여러 지방에서 유년기와 청소년기를 보낸다.
1872	비니 노이슈타트 실업계 학교에 입학, 1879년 대학 입학 자격 시험을 볼 때까지 그 학교를 다닌다.
1879	빈 공과 대학에 입학. 수학과 자연 과학, 그리고 문학, 철학, 역사를 공부. 괴테에 관한 기초적 연구.
1882	최초의 저술 활동.

1882~1897	요제프 퀴르쉬너가 주도한 『독일 국민 문학』 전집에서 괴테의 자연 과학 논문 5권, 루돌프 슈타이너가 서문과 해설을 첨부하여 발행(서지 번호 1a~e). 단행본으로 된 입문서가 1925년 『괴테의 자연 과학적 논문에 대한 입문서』(서지 번호 1)라는 제목으로 출판된다.
1884~1890	빈의 한 가정에서 가정교사 생활.
1886	'소피 판' 괴테의 작품집 발간에 공동 작업자로 초빙된다. 『실러를 각별히 고려하는 괴테 세계관의 인식론적 기본 노선들』(서지 번호 2).
1888	빈에서 〈독일 주간지〉 발간(거기에 실린 논문들은 서지 번호 31에 수록). 빈의 괴테 협회에서 '새로운 미학의 아버지로서의 괴테' 라는 제목으로 강연(서지 번호 30에 수록).
1890~1897	바이마르 체류. 괴테·실러 문서실에서 공동 작업. 괴테의 자연 과학 저작물 발간.
1891	로스토크 대학에서 철학 박사 학위 취득. 1892년에 박사 학위 논문 증보판 출판. 제목은 『진리와 과학 : '자유의 철학' 서곡』(서지 번호 3).
1894	『자유의 철학 : 현대 세계관의 근본 특징. 자연 과학적 방법에 따른 영적인 관찰 결과』(서지 번호 4).
1895	『프리드리히 니체 : 시대에 맞선 투사』(서지 번호 5).
1897	『괴테의 세계관』(서지 번호 6).

	베를린으로 이사. 오토 에리히 하르트레벤과 함께 〈문학 잡지〉와 〈극 전문지〉 발행(거기에 실린 논문들은 서지 번호 29~32에 수록). '자유 문학 협회', '자유 드라마 협회', '기오르다노 브루노 연맹', '미래인' 서클 등에서 활동.
1899~1904	빌헬름 리프크네히트가 세운 베를린 '노동자 양성 학교'에서 교사 활동.
1900/01	『19세기의 세계관과 인생관』, 1914년에 이를 확장하여 『철학의 수수께끼』(서지 번호 18) 발표. 베를린 신지학 협회의 초대로 인지학을 강연하기 시작. 『근대 정신 생활의 출현에서의 신비학』(서지 번호 7).
1902~1912	인지학 수립. 베를린에서 정기적인 공개 강연 활동. 유럽 전체로 강연 여행. 마리 폰 지버스(1914년 결혼 이후 마리 슈타이너)가 지속적인 협력자가 된다.
1902	『신비로운 사실로서의 기독교와 고대의 신비들』(서지 번호 8).
1903	잡지 〈루시퍼〉(나중에 〈루시퍼-그노시스〉로 바뀜)를 창간하고 발행(거기에 실린 논문들은 서지 번호 34에 수록).
1904	『신지학 : 초감각적 세계 인식과 인간 규정 입문』(서지 번호 9).
1904/05	『고차 세계의 인식으로 가는 길』(서지 번호 10). 『아카샤 연대기에서』(서지 번호 11). 『고차적 인식의 단계들』

	(서지 번호 12).
1910	『신비학 개요』(서지 번호 13).
1901~1913	뮌헨에서 『네 편의 신비극』(서지 번호 14)이 초연된다.
1911	『인간과 인류의 정신적 지도』(서지 번호 15).
1912	『인지학적인 영혼의 달력 : 주훈(週訓)』(서지 번호 40. 단행본들로도 출판됨). 『인간의 자기 인식으로 가는 길』(서지 번호 16).
1913	신지학 협회와 결별하고 인지학 협회 창립. 『정신 세계의 문지방』(서지 번호 17).
1913~1923	목재로 된 이중 돔형 건축물 형태를 띤 첫 번째 괴테아눔을 스위스의 도르나흐에 세우다.
1914~1923	도르나흐와 베를린에 체류. 유럽 전역 순회 강연 및 강좌에서 루돌프 슈타이너는 예술, 교육학, 자연 과학, 사회 생활, 의학, 신학 등의 수많은 생활 영역에서 쇄신이 이루어지도록 자극한다. 1912년에 시작된 새로운 동작 예술인 '오이리트미(Eurythmie)'를 계속 발전시키고 교육.
1914	『개요로서의 철학사에 나타난 철학의 수수께끼』(서지 번호 18).
1916~1918	『인간의 수수께끼에 관해』(서지 번호 20). 『영혼의 수수께끼에 관해』(서지 번호 21). 『'파우스트'와 '뱀과 백합의 동화'를 통해 드러나는 괴테의 정신적 양상』(서지 번호 22).

1919	루돌프 슈타이너는 특히 남부 독일 지역에서 논문과 강연을 통해 '사회 유기체의 삼지적 구조' 사상을 주장한다. 『현재와 미래 생활의 불가피한 사항에 있어서 사회문제의 핵심』(서지 번호 23), 『사회 유기체의 삼지성과 시대 상황(1915~1921)』(서지 번호 24). 가을에는, 슈타이너가 죽을 때까지 이끌고 가는 '자유 발도르프 학교'가 슈투트가르트에 세워진다.
1920	제1차 인지학 대학 강좌를 시작하면서, 아직 완성되지 않은 괴테아눔에서 예술 행사와 강연 행사를 정기적으로 개최하다.
1921	주간지 〈괴테아눔〉 창간. 루돌프 슈타이너의 논문과 기고문이 정기적으로 실리다(서지 번호 36).
1922	『우주론, 종교 그리고 철학』(서지 번호 25). 섣달 그믐날, 방화로 괴테아눔 건물이 소실된다. 콘크리트로 짓기로 계획된 새 건물을 위해 루돌프 슈타이너는 간신히 1차 외부 모델을 만들 수 있었다.
1923	지속적인 강연 활동과 강연 여행. 1923년 성탄절에 슈타이너의 주도 아래 '인지학 협회'가 '일반 인지학 협회'로 재창립된다.
1923~25	루돌프 슈타이너는 미완으로 남아 있던 자서전 『내 인생의 발자취』(서지 번호 28) 및 『인지학의 기본 원칙』(서지 번호 26)을 집필한다. 그리고 이타 벡만 박사와 함께 『정신 과학적 인식에 따른 의술 확대를 위한 기초』

	(서지 번호 27)를 집필한다.
1924	강연 활동의 증가. 더불어 수많은 전문 강좌 개설. 유럽으로 마지막 강연 여행. 9월 28일 회원들에게 마지막 강연. 병상 생활 시작.
1925. 3. 30.	루돌프 슈타이너는 도르나흐에 있는 괴테아눔 작업실에서 눈을 감는다.

루돌프 슈타이너 전집 목록
−문학·예술 작품에 대한 서지학적 개관

제1부 : 저작물

1. 작품

괴테의 자연 과학적 논문에 대한 입문서(서지 번호 1)

괴테의 자연 과학적 논문, R. 슈타이너가 서문과 해설을 첨부하여 발행(서지 번호 1a~e).

실러를 각별히 고려하는 괴테 세계관의 인식론적 기본 노선들(서지 번호 2)

진리와 과학 : '자유의 철학' 서곡(서지 번호 3)

자유의 철학 : 현대 세계관의 근본 특징. 자연 과학적 방법에 따른 영적인 관찰 결과(서지 번호 4) (한국어판 : 밝은누리, 서울 2007)

프리드리히 니체 : 시대에 맞선 투사(서지 번호 5)

괴테의 세계관(서지 번호 6)

근대 정신 생활의 출현에서의 신비학(서지 번호 7)

신비로운 사실로서의 기독교와 고대의 신비들(서지 번호 8)

신지학 : 초감각적 세계 인식과 인간 규정 입문(서지 번호 9)

고차 세계의 인식으로 가는 길(서지 번호 10) (한국어판 : 밝은누리, 서울 2003)

아카샤 연대기에서(서지 번호 11)

고차적 인식의 단계들(서지 번호 12)

신비학 개요(서지 번호 13)

네 편의 신비극 : 전수의 문, 영혼의 시련, 문지방의 수호령, 영혼의 각성(서지 번호 14)

인간과 인류의 정신적 지도 : 인류 발전에 관한 정신학적 고찰 결과(서지 번호 15)

인간의 자기 인식으로 가는 길 : 여덟 차례의 명상에서(서지 번호 16)

정신 세계의 문지방 : 잠언 형식으로 된 상론(詳論)(서지 번호 17)

개요로서의 철학사에 나타난 철학의 수수께끼(서지 번호 18)

인간의 수수께끼에 관해(서지 번호 20)

영혼의 수수께끼에 관해(서지 번호 21)

'파우스트'와 '뱀과 백합의 동화'를 통해 드러나는 괴테의 정신적 양상(서지 번호 22)

현재와 미래 생활의 불가피한 사항에 있어서 사회 문제의 핵심(서지 번호 23) (한국어판 : 밝은누리, 서울 2010)

사회 유기체의 삼지성과 시대 상황(1914~1921)(서지 번호 24)

우주론, 종교 그리고 철학(서지 번호 25)

인지학의 기본 원칙(서지 번호 26)

정신 과학적 인식에 따른 의술 확대를 위한 기초(서지 번호 27)

내 인생의 발자취(서지 번호 28)

2. 논문집

드라마투르기에 관한 논문집 1889~1900(서지 번호 29)

인지학의 방법적 기초 : 철학에 관한 논문집. 자연 과학, 미학 그리고 심리학 1884~1901(서지 번호 30)

문화사 및 현대사에 관한 논문집 1887~1901(서지 번호 31)

전기적인 스케치 1894~1905(서지 번호 32)

문학에 관한 논문집 1886~1902(서지 번호 33)

루시퍼-그노시스 : 잡지 〈루시퍼〉와 〈루시퍼-그노시스〉에 게재된 원고 중 인지학 관련 논문 초고 1903~1908(서지 번호 34)

철학과 인지학 : 논문집 1904~1918(서지 번호 35)

현대의 문화적 위기 중심에서 보는 괴테아눔의 개념 : 주간지 〈괴테아눔〉에 게재된 논문집 1921~1925(서지 번호 36)

3. 유고국의 출판물

편지, 어록, 각색 원고, 네 편의 신비극 초안 1910~1913, 인지학 : 1910년에 나온 미완 원고, 스케치집과 미완 원고집, 수첩과 원고 초안 메모집(서지 번호 38~47)

제2부 : 강연문

1. 공개 강연
베를린 공개 강연 내용('건축에 대한 강연') 1903~1917/18(서지 번호 51~67)
공개 강연, 강연 내용 및 유럽 다른 지역 대학 강좌 1906 ~1924(서지 번호 68~84)

2. 인지학 협회 회원 대상 강연
일반 인지학 강연과 연속 강의 내용 : 복음서 고찰, 그리스도론, 정신 세계의 인류학, 우주와 인간의 역사, 사회 문제의 정신적인 배경, 우주와의 관계 속에서 본 인간, 카르마 고찰(서지 번호 91~224)
인지학 운동 및 인지학 협회의 역사에 대한 강연과 원고(서지 번호 251~263)

3. 개별 생활 분야에 대한 강연과 강좌
예술에 관한 강연 : 일반 예술, 오이리트미, 언어 조형과 연극적 예술, 음악, 회화, 예술사(서지 번호 271~292)
교육에 관한 강연(서지 번호 293~311)
의학에 관한 강연(서지 번호 312~319)
자연 과학에 관한 강연(서지 번호 320~327)
사회적인 인생과 사회 조직의 삼지화에 관한 강연(서지 번호 328~341)
괴테아눔 건축에서 노동자를 위한 강연(서지 번호 347~354)

제3부 : 예술 작품

예술 관련 유고에서 재생과 출판물
회화적이고 그래픽적인 초안에 의한 원형 재생물 및 예술적 지도 또는 단행본에 있는 스케치들

※ 이 전집 목록은 원서에 있는, 루돌프 슈타이너 전집 가운데 문화·예술 작품에 대한 서지학적 개관 전문을 번역한 것이다.

역자 후기

　제1차 세계 대전의 발발을 기점으로 루돌프 슈타이너는 여러 강연들과 기고문들을 통해서 당시의 사회 문제를 직접적으로 다루기 시작했다. 그는 세계 대전이라는 참상에까지 이른 당시 사회 문제의 주된 원인으로 지난 수세기 동안에 형성된 단일국가를 지목하면서, 유럽 사회의 건강을 근본적으로 회복시키기 위해서는 사회를 유기적인 세 부분으로 분리해야 한다고 주장하였다. 인간 생활의 모든 것을 관리, 지배하고 책임지는 단일국가가 해체된 그 자리에, 교육·문화·종교 등 인간의 정신 생활을 담당하는 독립적이고 자유로운 정신 조직, 모든 인간에게 평등하게 적용되는 권리·법률 부문을 담당하는 민주적 국가 조직, 박애를 근거로 하는 경제 조직이 들어서도록 하되, 그 세 조직들이 유기적으로 상호작용할 수 있는 사회를 언급하였다. 그런 사회 형태를 그는 '삼지적 사회 유기체'라 명명하였다. 1919년 루돌프 슈타이너는 사회적 삼지성에 대한 기본 관념들을 『현재와 미래 생활의 불가피한 사항에 있어서 사회 문제의 핵심』에 담아 출간하였다. 이 책은 당시의 정치, 경제, 문화계 인사들 간에 신선한 반향을 불러일으켰다. 뿐만 아니라 1919년 초봄부터 독일 슈투트가르트 지역에서 시도된, 당시로서는 획기적인 사회 운동에 속하는 '노사 경영 협의회 운동'의 발판이 되었다. 슈투트가르트의 발도르프-아스토리아 담배공장주였던 에밀 몰트가 최초의 발도르프 학교를 설립했다는 사실은 널리 알려져 있지만, 그가 '노사 경영 협의회 운동'의 주요 발기인이었으며 그 운동의 일환으로 공장노동자, 그야말로 프롤레타리아 계층의 자녀들을 위해서 슈투트가르트 발도르프 학교 설립을 주도했다는 사실은 거의 알려지지 않았다. 그 이유는 필시, 1920년에 슈타이너가 '노사 경영 협의회 운동'을 실패작으로 평가했기 때문이리라.

『사회 문제의 핵심』은 역자의 일곱 번째 역서다. 번역은 고사하고 읽기조차 어렵다는 『자유의 철학』보다도 이 책의 번역이 훨씬 더 어려웠을 뿐만 아니라, 번역이 끝난 지금에는 역자에 수많은 미제를 남겨준 책이 되었다고 고백하지 않을 수 없다. 특히 한 가지 질문이 번역하는 내내 역자의 뇌리를 떠나지 않았다. "이 책이 세상의 빛을 본 지 100년이 다 되어 가는 오늘날까지 왜 슈타이너가 주창한 삼지적 사회 유기체가 어디에서도 실천되지 않았는가? 왜 소위 말하는 인지학계 내에서조차도 사회적 삼지성이 실천되지 못하고 있는가?" 사회적 삼지성이 적어도 인지학계 내의 어떤 기관에서 진정으로 실천되고 있다면, 이 책에서 슈타이너가 제시하는 관념들, 특히 자본, 노동, 수입, 사적 소유, 금전 등등 경제에 관련된 관념들을 이해하기 위해 그 기관을 실천 사례로 고찰해 볼 수 있지 않았겠는가? 이런 질문들은 책임을 타인에게 전가하는 성격을 띠며 꼬리에 꼬리를 물고 논쟁만 불러일으킬 뿐이라는 생각에 이르렀다. 번역을 위해 이 책의 참고 문헌들을 공부하는 과정에서 질문의 형태를 이렇게 바꾸어 보았다. "과연 '나는' 삼지적 사회관념에 따라 사고하고 느끼고 살고 있는가? 가차없이 용감하게 진실을 따르고 있는가?" 이 질문에 긍정적인 답변을 하기 위해, 그리고 번역 작업이 공허한 사전적 전환에 그치지 않도록 하기 위해 역자 스스로의 삶에 일종의 전환점을 찍어야 한다는 결론에 이르렀다. 이 책의 번역을 마친 후, 함부르크 출신의 한 인지학자가 사회적 삼지성을 실천하기 위해 발안하여 세운 곳으로 이사하였다. 이 책이 쓰여진 역사적 배경이나 사회적 삼지성의 현실성에 대한 설명 등 역자에게 할애된 자리를 채울 만한 것은 다수가 있다. 하지만 '하지만' 으로 시작되는 변명을 하면서 기존의 상황에 에둘러 허리를 굽히지 않고, 사회적 삼지성의 원초 관념을 삶에서 실천해 보려는 사람들이 모인 장소에 대한 이야기가 독자들에게 훨씬 더 구체적으로 다가올 것이라는 생각에 역자 후기의 자리를 '자유공간' 으로 메우고자 한다.

자유공간-Freiraum

이곳의 발안자는 30여 년간 루돌프 슈타이너의 『자유의 철학』을 작업해 오면서 그 책이 담고 있는, 인간의 자유와 사랑에 대한 관념들을 진정으로 실천하기 위한 장의 마련이 절실하다고 느꼈다. 오랜 세월 인지학 협회의 중심에서 일해 온 그는 타성에 빠진 인지학계 내부에서 그런 장소를 구현하기란 불가능하다는 판단을 내렸다. 수미일관적으로 인지학계를 통한 모든 활동을 접은 그는 2006년 초에 개인 자산을 털어 구 동독의 한 촌구석 후골즈도르프에 폐허가 된 성을 사들였다. 지역 주민들과 여러 지인들의 도움으로 성을 보수하기 시작했으며, 비가 새지 않을 만큼만 보수된 곳으로 2007년 가을에 발도르프 교육학을 공부한 세 명의 젊은이들이 이사했다. 그 젊은이들은 루돌프 슈타이너의 인간학을 공부하면 할수록, 교과 목표, 교육 프로그램 등 외부 상황이 제시하는 내용을 어린이들에게 전달하는 기존의 — 현재의 발도르프 학교 역시 답습하고 있는 — 교육 체제가 성장하는 인간에게 비인간적인 부당함을 행한다고 느꼈다. 그들은 학업을 마칠 즈음해서 발도르프 학교라는 구조로 편입해 들어가기를 거부하고, 실제상의 삶과 배움이 완전히 일치될 수 있는 교육에 대한 자신들의 생각을 실현시킬 수 있는 '자유공간'을 찾기 시작했다. 어디부터 손을 봐야 할지 알 수 없을 정도로 폐허가 된 이 성이 그 젊은이들의 요구 사항에 완벽히 들어맞는 과제물처럼 다가왔고, 그들은 독일 통일 이후 이주율이 가장 높다는 이 촌구석으로 주저없이 이사하였다. 현재(2010년)는 모두 열 명이 이 자유공간에 상주하고 있다. 그 외에 이곳의 의도를 소문으로 들은 사람들이 곳곳에서 찾아오고 있기 때문에 거의 항상 적어도 한두 명의 방문객이 이 공간에 머문다고 할 수 있다.

"타인의 자유를 존중하고, 너 자신의 자유를 보여 주라!"라는 실러의 말을 표어로 삼는 이 '자유공간'에서는 일단 일과 수입의 분리를 의식적으로 실천하고자 한다. 오늘날 자본주의 사회에서 가장 문제가 되는 점이 바로 인간의 한 부분인 노동력이 상품화된다는 데에 있다. 일=수입이라는 생각이 자연법칙처럼 사람들의 머릿속에 들어 있다. 일이 생활비를 벌기 위한 수단이 되기 때문에 인간이 어쩔 수 없이 자신의 한 부분을 팔아야 하고 자신의 내적인 요구와는 무관한 일을 하도록 강요받는다. 그로써 또한 경제 구조 내에 맞물린 개인의 노동이 박애의 근거를 지니기보다는 극단적으로 이기적인 성격을 불가피하게 얻게 된다. 일, 즉 스스로 진정으로 원하는 일을 위해서 돈이 있는 것이 아니라, 돈을 벌기 위해서 일, 즉 스스로 진정으로 원하지 않는 일을 해야만 하는 것이 오늘날 자본주의 사회에 사는 사람 대부분의 상황이 아닌가? '자유공간'에 사는 사람은 자신이 진정으로, 진실로 하고 싶은 일만 하고자 한다. "네 행위의 원칙이 모든 사람들을 위해 적합하게끔 행하라."라는 칸트의 윤리학에 슈타이너는 "네 특유의 개인성에 따라, 오직 너만 할 수 있는 방식으로 행하라!"고 대답하였다. 교육을 통해 접종된, 외부의 기대에 부합되는 일이 아니라 내면으로부터 스스로 발안한 일을 할 때에만 인간이 자유롭고, 외부 세계와 자신을 연결하는 그 일을 사랑할 수 있기 때문이다.

노동과 수입이 분리되어야만 한다는 사실을 절대로 이해할 수 없는 '일반사회의 사람들'은, 자기가 하고 싶은 일만 하면 재정 문제는 어떻게 해결하느냐는 질문을 반드시 하기 마련이다. 한편으로는 '자유공간' 내에서 경제적 수익을 수반하는 사업을 통해서, 다른 한편으로는 외부에서 유입되는 기부금으로 재정을 충당하고자 한다. 지금까지는 국가 권력의 영향을 받지 않기 위해서 법인을 설립하지 않았기 때문에 세금 공제가 가능한 외부 기부금의 유입이 활발하지 못한 편이다. 그래서 아직은 상주자들 중에서 어느 정도의 개인 자산을 소유한 이들이 기부를 함으로써 '자유공간'이 차츰차츰 형성되고 있다. 국가 권력의 영향을 피하면서도 기부를 원하는 사람들의 돈이 별 문제 없이 이곳으로 유입될 수 있는 방안을 현재 인지학계 은행인 GLS 은행과 함께 협의하고 있는 중이다.[1]

---

1) GLS 은행과의 협의는 8월 말에 좌초되었다. 경제 생활의 영역으로부터 정신 생활로 넘어오는 자본이 국가 권력의 범위를 벗어날 수 있는 방법이 전혀 없다는 것이 GLS 은행측의 해명이었다. 뿐만 아니라 정신 생활로의 자유로운 자본 유입을 추구하는 자유공간 사업을 순진한 이상주의로 치부하면서 기존의 법인 체제로의 적응을 종용하였다. 이는 말하자면 인지학을 근거로 하는 경제 기관조차도 사회적 삼지성의 근본 개념을 실천할 의도가 없다는 의미다. 일말의 기대를 걸었던 몇몇

인지학계 은행인 GLS 은행의 이름은 삼지적 사회 내의 자본에 대한 관념 중 중요한 부분을 표현하고 있다. Geben=주기, Leihen=빌려주기, Schenken=기부하기, 이 세 단어의 이니셜을 딴 약자가 그 은행의 이름이다. 삼지적 사회 유기체 내에서 은행의 역할은 자본 근거를 지닌 사람과 활동 능력이 있는 사람을 연결해 돈이 고여 냄새가 나기 전에 흐르도록 만드는 일에 국한된다. 그렇게 은행을 통해 매개되는 자본 근거 중에서도 조건 없이 그냥 주는 돈이 가장 생산적인 역할을 한다. 특히 정신 생활 영역에서 일하는 사람들, 즉 교육 담당자, 예술가, 작가, 종교 지도자, 학자 등은 국가가 아니라 경제 생활 영역에서 넘어오는 조건 없는 기부금으로 뒷받침될 때에만 그들의 활동 결과가 가장 알찬 결실을 맺을 수 있다. 예를 들어서 작가의 생활 상태가 일의 결과물인 책을 판매하여 나오는 수입에 의존적이지 않기 때문에, 팔릴 책만 염두에 두고 글을 쓰기보다는 순수하게 예술적인 측면에서 자신의 재능을 펼칠 수 있는 가능성이 높아진다. 정신 생활의 영역이 국가로부터 독립적인 자치를 실행하고, 경제 생활로부터 자유로운 뒷받침을 얻는 것, 바로 이 사실에 오늘날 사회 문제의 해결을 위한 근거와 더불어 한 사회의 건강한 미래 형상이 담겨 있다.

이 '자유공간' 의 상주자들이 하는, 수입과는 무관한 그 일의 종

상주자들의 실망은 상당히 컸지만, 역자 개인으로서는 현재의 인지학계 상황을 감안해 보아 당연한 결과라고 생각한다.

류는 다양하다. 밭일, 보수 공사일, 목수일, 허드렛일, 땔감나무 하기 등 삶을 위한 온갖 실질적인 일뿐만 아니라 기고문 쓰기, 예술 작업, 여러 발도르프 학교에서 오는 학생들의 실습 담당, 지역 주민들과의 교류 등 그야말로 고상해 보이는 일까지 천차만별의 일을 나누어서 처리한다. 하지만 어떤 일도 구속력을 갖지 않는다. 각자가 자신이 할 일을 결정한다는 상황이 일에 대한 '내적인 조화'를 불가피하게 요구한다. 청소나 설거지를 내가 정말 좋아서 하는지, 아니면 집이 깨끗해야 한다고 배웠기 때문에, 혹은 깨끗해야 좋다고 생각하기 때문에 하는지 등을 다시 한 번 되돌아보게 된다. 부지런함이 미덕이라고 배웠기 때문에 아침부터 저녁까지 무엇인가를 하고 있는지, 그저 좋아서 종일 일하고도 모자라서 밤을 새우는지, 이 양극 간에 자신의 일에 대한 관계가 어디쯤 놓여 있는지 항상 반추해 볼 수 있다. 방문자들이 가장 자주 하는 질문은 "이곳에서의 일상생활을 처리하기 위해 계획을 세웁니까?"이다. 그런 종류의 계획이나 지시는 전혀 없다. 처리되어야 할 일에 대해 대화를 하고, 처리해야 할 일의 타당성을 인정함으로써 각자가 자유롭게 일을 떠맡아서 할 뿐이다. 돈을 많이 기부했기 때문에, 많이 배웠기 때문에, 나이가 많아서, 특별한 재능이 있어서 등등은 이곳에서는 아무런 의미가 없다. 내 삶의 상황을 통해 습득한 타인에 대한 무언의 기대, 내 생각에 좋아 보이는 조언이나 충고 등은 '자유공간'에서 별로 애호되는 태도가 아니다. 생활 속에서 각자가 할 수 있는 일과 할 수 없는 일이 드러나기 마

역자 후기

련이다. 그에 따라 하고 싶은 일을 최대한 할 수 있도록 상호 간에 배려하면서 자신의 일을 함에 있어서는 자유롭고, 타인의 자유를 철저하게 존중할 뿐이다.

이 성의 법적 소유자인 그 발안자는 집 전체를 자유롭게 이용하도록 내놓음으로써 재산 소유에 관한 삼지적 사회 관념을 실질적으로 실천하고 있다. 그는 자신이 이 성의 단독 소유주라는 점을 항상 불편하게 여겼다. 그래서 얼마 전에 이 '자유공간'의 상주자들 중 한 명과 공동 명의로 토지등기부에 등록하기로 결정하였다. 대지나 부동산이 사적 재산 증식의 주요 수단이 된다고 여기는 자본주의적 사고에 길들여진 현대인들에게는 그가 실로 이상과 합일된 현자이거나 보기 드문 멍텅구리로 비쳐질 것이다. 슈타이너의 삼지적 사회 유기체의 관념에 따르면 자연물에 인간의 정신적 능력을 적용해 변화시킨 것만 상품이 될 수 있으며 유통되고 소비된다. 토지나 대지는 인간의 정신적 능력을 적용하기 이전에 이미 그렇게 자연으로서 존재하고 있기 때문에 일반 생산물처럼 한 개인의 배타적 소유물로 만들 수 있는 대상이 아니다. 토지나 대지, 부동산 등은 생산을 위한 자본 근거가 되며, 생산적으로 활동하는 개인이나 집단이 공동체를 위해 생산적으로 활동하는 시기 동안 그것에 대한 재량권을 지닐 수 있어야 한다. 생산 활동을 멈추는 순간에 그것에 대한 재량권이 생산적으로 활동할 다른 개인이나 집단으로 전환되어야만, 자본 근거의 부당한 집적으로 인한 자본주의 사회의 병폐적 현상을 막을 수 있다.

『사회 문제의 핵심』이 지니는 특징은, 어느 부분에서도 '삼지적 사회 유기체를 실현하기 위해서 이러저러하게 일해야 한다'고 규정하지 않는다는 점이다. 어쩌면 이러한 유동성이 오늘날의 학문적 논리에 길들여진 현대인들에게 의식할 수 없는 공포와 거부감을 불러일으키는지도 모를 일이다. 유동성이라는 관점에서 보자면 이 '자유공간'은 아무것도 규정되지 않은 실험장소라고 할 수 있다. 이곳은 물체적으로나 영적·정신적으로나, 어느 면에서도 그야말로 '공사현장'이다. 인지학계 내의 모 인사가 "후골즈도르프의 자유공간은 참여자 공동의 목적이 없는 것이 목적이다."라고 표현했을 정도로 이 공사현장에는 흔해 빠진 공동의 '청사진'조차도 없다. 이 '자유공간'이 어떤 식으로 전개될지, 언제 바람처럼 사라질지 누구도 예측할 수 없다. 그 정도로 '바로 이 순간'에 '상황에 따라' 공생하는 곳이다. 그럼에도 불구하고 중구난방으로 일이 진행되지는 않는다는 사실이 정기적으로 이곳을 방문하는 사람들을 놀라게 만든다. 외적으로 완전히 무질서해 보이는 이곳에 전혀 사전에 규정되지 않은 공동의 목적이 과정으로서 생겨날 수 있는 근거는 신체적, 영적 인간의 깊은 내면에 자리집은 정신적 인간에 대한 무조건적인 신뢰라고 역자는 생각한다. 하지만 신뢰는 결코 일방통행으로 생겨나지 않는다. 타인 내에 존재하는 인간을 만나기 위해서는 자신 내에 존재하는 인간의 인지라는 선제 조건을 채웠을 때에만 가능하다. 자신의 자유를 보여 줄 수 있는 사람만 타인의 자유를 소중히 여길 수 있으며, 서로 간의 신뢰를 싹 틔워서 함께 돌보는 과정에서 자유공간이 점점 더 커진다.

오늘날의 기존 개념으로는 『사회 문제의 핵심』을 통해 루돌프 슈타이너가 인류에 제시하는 내용을 결코 이해할 수 없다. "우리의 어깨 위에 다른 머리가 필요하다."고 표현했을 정도로 그 내용은 혁명적이다. 자본축적이 아니라 자본소진이 공동체를 위해 생산적이라거나, 돈은 시간이 흐르면서 이자로 불어나지 않고 낡아서 가치를 상실해야 한다는 주장을 오늘날의 자본주의 사회에서 교육받고 성장한 사람들이 과연 어떻게 받아들일 수 있겠는가? 바로 그래서 오늘날의 사회를 건강한 유기체로 만들기 위해서 해야 할 최우선적인 일은 외적인 정치 활동도 사회 활동도 아니라, 각 개인이 사회와 경제에 대한 관념과 개념을 새로이 정립해서 느끼기를 배우는 것이라고 하였다. 이런 의미에서 '삼지적 사회 유기체'는 어떤 거대한 조직이, 예를 들어서 국가 조직이 그런 사회 체제를 만들어 냄으로써 실현될 수 있는 것이 아니라, '각 개인이 그가 위치한 바로 그 자리에서' 삼지적 사회관념에 따라 사고하고 느끼기를 배워서 살아내려고 애쓸 때에 비로소 이루어질 수 있는 것이다. 혹자는, 심지어 인지학계의 인사들조차 슈타이너의 사회적 삼지성은 이미 극복된 낡은 사고방식이라고 공공연히 주장한다. 그런데 그렇게 말하는 사람은 자신의 어깨 위에 올려진 머리가 로마시대 이래로 존재해 온 낡은 것이라고 고백하고 있을 뿐이다.

정신 생활은 당연히 자유로워야 한다고 사람들이 쉽게 말들 한다. 자유롭게 종교 생활을 하고, 자유롭게 문화 생활을 하기 때문에 자신의 정신 생활이 자유롭다고 자연스레 생각할 수 있다. 그런데 정신 생활의 가장 중요한 근거를 이루는 교육에 이르면 갑자기 정신 생활의 자유에 대한 생각이 사람들의 머리에서 완전히 삭제되는 듯한 인상을 받는다. 대부분의 사람들이 증서가 필요해서, 국가공인이 필요해서 무엇인가를 배우지 않는가? 자식을 교육시키는 이유 역시 국가가 인정하는 졸업장을 얻도록 하기 위해서, 더 나아가 장래의 경제 생활을 보장해 줄 직업을 얻도록 하기 위해서가 아닌가? 국가의 인정이나 경제 생활의 안정을 염두에 두지 않고 오로지 배움 그 자체를 위해서만, 되어 가는 인간의 전개 자체를 위해서만 자식을 교육시켜야 한다고 하면, 사회의 발달과 변화를 위해 적극적으로 활동하고 있다고 나름대로 자부하는 사람조차도 그런 것은 불가능하다는 반응을 보인다. 심지어는 현재의 독일 발도르프 교육계 내에서 영향력을 행사하는 인사들조차도 국가의 공인을 받으려고 하는 형편에 이르렀다. 말하자면 우리가 그 정도로 심각하게, 그 정도로 뼛속 깊이 우리의 정신 생활을 국가 영역과 경제 영역에 종속시키고 있다는 것이다. 그런데 그 불가능해 보이는 것을 이루어내지 않는다면, 국가 영역과 경제 영역으로부터 완전히 자유로운 정신 생활을 각 개인이 생각하고, 느끼고, 살아내지 않는다면 오늘날의 사회 문제를 건강한 방식으로 다룰 수 있는 가능성 역시 절대로 생기지 않을 것이다. 현재의 위치에서 자신의 정신 생활을 위해 국가 생활과 경제 생활로부터 완전히 독립적인 '자유공간'을 마련할 수 있는 용기, 자신의 어깨 위에 다른 머리를 올려놓을 수 있는 용기를 지닌 사람들이 점점 더 많아져야만 한다.

2010년 10월
독일 후골즈도르프 자유공간에서
역자 최혜경

자유의 철학

현대 세계관의 근본 특징

루돌프 슈타이너 | 최혜경 옮김
신국판 | 336쪽 | 30,000원

사고의 실용적인 형성

인지학 입문서

루돌프 슈타이너 | 최혜경 옮김
46판 | 156쪽 | 9,000원

1894년 루돌프 슈타이너가 약관 삼십삼 세에 출판한 『자유의 철학』은 인지학의 근본 원리뿐만 아니라, 그가 후일 정신 과학적인 연구를 통해서 얻은 깊은 비학적 통찰 역시 싹의 형태로 내포하고 있다. 슈타이너는 …… "감각 세계의 인식과 정신 세계의 인식 사이의 아주 중요한 중간 단계에 놓인 것"이라고 표현함으로써, 이 책이 인지학의 주춧돌이며 동시에, 이 책의 내용을 진지하게 작업한다면 인지학의 전수를 '체험' 할 수 있음을 밝히고 있다.

— 역자 후기 중에서

일이나 사물을 조용히 바라보고 성찰할 수 있는 사람, 그 사람은 삶 전체를 힘으로, 능숙함이라고 표현할 수 있는 것으로 관통시킵니다. 모든 것에 능숙해집니다. 그 사람은 국 떠먹는 숟가락조차도 조용히 성찰을 하지 않는 사람과는 다르게 잡습니다. 생활의 사소한 모든 것에 이르기까지 영향을 미칩니다. 사고내용이 바로 실재이기 때문입니다.

— 세 번째 강의 중에서

교육예술 1)〉〉〉 교육학의 기초가 되는
인간에 대한 보편적인 앎
루돌프 슈타이너 | 최혜경 옮김
신국판 | 368쪽 | 30,000원

상상의 필요성, 진실에 대한 감각, 책임감, 이것들이 바로 교육학의 핵심이 되는 세 가지 기력입니다. 그리고 이 교육학을 수용하려는 사람은 그 앞에 좌우명으로 다음과 같이 씁니다.

    상상력으로 자신을 가득 채워라.
    진실에 대한 용기를 지녀라.
    영적인 책임감을 예리하게 가꾸라.

             - 열네 번째 강의 중에서

교육예술 2)〉〉〉 1학년부터 8학년까지의
발도르프 교육 방법론적 고찰
루돌프 슈타이너 | 최혜경 옮김
신국판 | 328쪽 | 30,000원

그리고 이번 해에 8학년을 담당한 교사는 다음 해에 다시금 1학년을 맡아야 합니다. …… 어린이들이 매년 다른 교사에게 떠넘겨지고, 이전의 학년에서 어린이들에게 들이부은 것을 다른 교사가 더 촉진할 수 없다면 어떤 상황에서도 감성 형성이 해를 입게 됩니다. 한 교사가 학생들과 함께 학년을 올라가는 것이 이미 수업의 방법론에 속합니다.

             - 여섯 번째 강의 중에서